苫野一徳
TOMANO, Ittoku

# 勉強するのは何のため？

## 僕らの「答え」のつくり方

日本評論社

# 勉強するのは何のため？

# はじめに

「なんで勉強なんかしなきゃいけないの？」

本書はこの問いに答えるものです。

この問いは、だれでも一度は考えたことがあるけれど、でもまた同時に、多くの人が途中で考えるのをやめてしまった問いなんじゃないかと思います。

だって考えても答えなんか出ないし、結局なんだかんだいったって、「しなきゃいけないものは、しなきゃいけない」ということになってしまってるんだから……。

もしかしたら、「学校の勉強なんて意味がない！」と、いさぎよく勉強をやめてしまったという読者も、中にはいるかもしれません。

でも、もし納得できる答えが手に入るのなら、聞いてみたい。

そう思いはしないでしょうか？

「なんで勉強なんかしなきゃいけないの？」

――あえていいたいと思います。この問いに、**「答え」はある**と。

もちろんこの問いは、わたしたちがふだん学校で勉強しているような問題とは、ずいぶんとタイプが違ったものです。だから「答え」のタイプも、やっぱりずいぶん違ってきます。

「鎌倉幕府をつくったのはだれか」とか、「水素の元素記号は何か」とか、「2の平方根は何か」とかいったような、学校で習う問題には、とりあえず決まった「正解」があります。

でも、「なんで勉強なんかしなきゃいけないの？」という問いに、絶対的な「正解」はたぶんない。

「いい大学に入るため」とか、「いい会社に入るため」とか、「忍耐力をつけるため」「記憶力を磨くため」「論理的思考力をはぐくむため」とか、いろいろ答えは返ってくるだろうけれど、どれが「正解」というわけじゃない。どれもある程度正しいように思うけど、また同時に、どれもちょっと違う気もしてしまう。

だからこの問いは、「正解」というより「納得解」を求めるような問題なのです。絶対に正しい答えというより、「なぁるほど、たしかにこう考えればすっきりするな」という、〝納得〟を求めるような問題なのです。


実はこうした「正解」のない、でもなんらかの「答え」がほしい問題の数々を、とにかくひたすら考えつづけてきた人たちがいます。

「哲学者」と呼ばれる人たちです。

哲学者と聞くと、実生活に役に立たないわけのわからないことを、ぐちゃぐちゃだらだらとむずかしい言葉で考えつづけているヘンな人たち、というイメージが一般にはあることと思います。

実際、たとえば古代ギリシャの哲学者ソクラテス（紀元前四六九頃〜紀元前三九九）は、「恋って何だろう？」「正義って何だろう？」なんていう、たしかに一見あんまり実生活には役に立ちそうもない問いを、だれかれかまわず投げかけてはひんしゅくを買っていたような人でした。議論の相手はいつもいいます。「もういいよソクラテス、そんなめんどくさい話は終わりにしよう」。

こんなわけで、哲学者というのは、役に立たないことばかり考えている、どこか風変わりな人というイメージが一般にはあることと思います。

でもそれは、半分あたっているけど半分違う。あたっているのは、「風変わりな人」が多いということ、間違っているのは、「役に立たないことばかり考えている」ということです。

哲学は、実生活に役に立たないことを考えるものではありません。むしろ哲学こそが、「正解」のないさまざまな問いに、「納得解」を与えてきたものなのです。

たしかに哲学者には風変わりな人が多いですが、でもそれは、普通だったら途中で考えるのをやめてしまうようなむずかしい問題を、とにかくひたすら考え抜くような、ちょっと変わった趣味（?）の持ち主であるからです。

でもだからこそ、彼らが考え抜いてきたことはわたしたちの「役に立つ」。普通だったら考えがおよばないようなところまで、ちゃんと考え抜いてくれているからです。

というわけで、本書では、「なんで勉強なんかしなきゃいけないの？」という問いに、彼ら哲学者たちが（二五〇〇年もの長きにわたって！）積み上げてきた思考のエッセンスをぞんぶんに駆使して、答えていくことにしたいと思います。

それはけっして、身構えるようなむずかしいことではありません。哲学が積み上げてきた「考え方」は、実はとてもシンプルなものなのです。

シンプルなのは当然です。哲学は「納得解」を出すものなんだから、あまりにややこしかったら、だれも「納得」なんてしないだろうからです。

さあ、それでは哲学が積み上げてきた「知恵」を一歩ずつインストールしていきながら、教育をめぐる冒険を始めましょう！

勉強するのは何のため？　目次

# 第1章

# 「一般化のワナ」と「問い方のマジック」

「教育」というのは、とかく対立の多いテーマです。

本書の主題、「なんで勉強なんかしなきゃいけないの？」という問いをめぐっても、それはそれはいろんな意見が出て対立します。

それは「いい大学に行っていい仕事につくためだ」という人がいれば、「そんな目的くだらない」という人もいる。「社会に必要な人材を育てるためだ」という人がいれば、「社会のためじゃなくて一人ひとりの子どものためなんだ」という人もいる。果ては、「結局学校の勉強なんて何の意味もない」という人もいれば、「いやいや、やっぱりしなきゃいけないものはしなきゃいけないものなんだ」という人もいる。

教育をめぐっては、それがどんな問題であっても、とにかくいろんな意見が出て収拾がつかず、時にはげしい対立が生じてしまいます。なぜそんなことが起こるのでしょうか。

## 1　落とし穴その1：一般化のワナ

### ◎「経験」は人それぞれ

教育をめぐって意見が対立する理由、それはまず何より、**わたしたち全員が教育を受けた経験をもっている**からです。

みんな教育に対して、なんらかのいいたいことをもっている。不満があれば、文句の一つもいってみたくなる。そしてみんながみんな、それをストレートに主張し合うから、収拾がつかなくなってしまうのです。

これをわたしは、「**一般化のワナ**」と呼んでいます。一般化とは要するに、自分だけの限られた経験を、ほかの人にもあてはまるものとして考えてしまうことです。

たとえば、かつて受験エリートだった大人たちは、そんな自分の経験を一般化して、「勉強するのはいい大学に入っていい仕事につくためだ」と、自分の子どもにもいったりすることがあります。

一方、学歴を必要としない職業についた大人たちは、そんな自分の経験を一般化して、「学校の勉強なんて何の役にも立たない」というかもしれません。

でも、人それぞれ、受けてきた教育の経験も、そこから得たものも、役に立ったものも立たなかったものも、本当はみんな違っているのです。

だから、わたしたちが自分の経験を一般化していうことが、すべての人にあてはまるというわけではありません。「勉強は将来いい暮らしをするために必要なものだ」、と思う人もいれば、「学校の勉強なんて何の役にも立たない」と思う人もいる。どちらが正しいというわけでもないし、どちらかが絶対に間違っているというわけでもない。それだけのことなのです。

## ○学校の先生と塾の先生、どっちがいい？

ところがこの「一般化のワナ」に、わたしたちはあまりにしばしばひっかかってしまうものです。

たとえばみなさんの中に塾に通っている人がいれば、「学校の先生と塾の先生、どちらがすぐれた教師だと思いますか？」と聞かれた時、どう答えるか考えてみてください。

「うーん、学校の先生かな」とか、「塾の先生かな」とか、考えたでしょうか？

もしそう考えたとしたならば、それはあなたが、「一般化のワナ」にひっかかってしまったということなのです。

もしあなたが、学校の授業になかなかついていけず、でも塾に通うようになってみると、そこの先生の教え方がとてもわかりやすく、成績もどんどん上がったとしてみましょう。その時あなたは、思わず、「あーあ、だから学校の先生ってダメなんだ。塾の先生のほうが教え方がうまいよ」と思ってしまいはしないでしょうか？

これが「一般化のワナ」です。自分の限られた経験をもとにして、「学校の先生より塾の先生のほうが教え方がうまい」と一般化してしまうのです。

でもそれは、あなたの学校の先生がたまたまあなたに合わなかっただけであり、そして、あなたの塾の先生が、たまたまあなたにとって教え方が上手だったというだけの話なのです。

もちろん、「勉強を教える」ということに多くの場合特化して力を注ぎ、そのための訓練を努力して積んできた塾の先生に、教え方の上手な先生が多いのは確かなことでしょう。

でも、塾の先生より教え方のうまい学校の先生だっていっぱいいるし、学校の先生より教え方の上手じゃない塾の先生だっていっぱいいます。

もっと重要なことをいうと、そもそも「教え方のうまさ」だって、実は一般化できるものではありません。どんなに授業がうまいと評判の名物先生だって、その教え方が合わないと思う生徒は必ず一定数いるものなのです。

## ○先生だってひっかかる

こうした「一般化のワナ」にひっかかってしまうのは、何も生徒たちだけではありません。先生たちもまた、実にしばしば「一般化のワナ」にひっかかってしまいます。

たとえば、熱血教師として有名な、ある運動部の顧問の先生がいたとしてみましょう。

その先生は、部員たちにいつも厳しく、時に荒々しく怒鳴り、軽く手を出すことさえある……。

でもその運動部は、全国大会の常連校。顧問の先生は、部を何度も全国優勝に導いたことのある指導者として有名でした。

ところがある時、体罰まがいの厳しい指導に、耐えられなくなった部員が現れたとしてみましょう。彼は、時折弱音を吐いたり、先生に弱々しく抗議したりすることもありました。

そんな時、この先生はどう対応するでしょう。

何を軟弱なことをいうか、と、さらに荒々しくその生徒を怒鳴りつけるかもしれません。そして彼の頬に平手打ちをして、こういったりもするかもしれません。

「俺たちはこうやって強くなってきたんだ！」

……これもまた、「一般化のワナ」にほかなりません。

とくに成功経験が積み重なると、わたしたちは、そんな自分の経験を一般化して物事を考えてしまいやすくなります。いつどんな時でも、自分のやり方は正しいのだという錯覚に陥ってしまうのです。

その先生は、たしかにこれまで、部を何度も全国優勝に導いた実力者なのでしょう。けれどそのやり方は、本当にいついかなる時でも正しいといえたでしょうか。

先生の知らないところで、多くの部員たちがストレスを抱え、毎日をビクビクしながら生活していたかもしれません。

そのストレスに耐えられず部活を辞めた生徒が、かつての仲間たちからいじめられていたかもしれません。

そして、今その厳しい指導に耐えられないといっている生徒の身に、もしもこの後取り返しのつかないことが起こったとしたら……。

ベテラン先生になればなるほど、自分のやり方に固執してしまうということがえてして起こります。自分の経験から得た成功例を、「一般化」してしまうのです。

## ◯少年少女は凶悪化した？

もう少しだけ、「一般化のワナ」の例をあげておきましょう。

凶悪な少年犯罪の報道を、みなさんも目にしたことがあると思います。一〇代の少年たちによる、バラバラ殺人事件、バスジャック事件、一家殺害事件など、目を覆いたくなるような事件がつづいてきました。

こうした事件が起こるたびに、みなさんはこんな言葉を耳にしはしなかったでしょうか？

「最近の子どもたちはどんどん凶暴化してる……」

「近ごろの若者は何をしでかすかわからない……」

……これもまた、わずか数例の事件を聞いただけで「最近の子どもたち一般」を語る、まさに「一般化のワナ」です。

データがはっきり示していますが、実は少年犯罪の数は、この二、三〇年ほとんど変わっていないのです。少年による凶悪犯罪の数もまた、ほとんど変わっていません。むしろ、一九五〇～六〇年代に比べると、少年犯罪は減少してさえいるのが実態です［*1］。

増えたのは、実は少年犯罪についての報道の量なのです。こちらは間違いなく大幅に増えました。それに、かつてはテレビやラジオ、新聞くらいしかニュースにふれる機会はなかったけれど、今ではインターネット上にさまざまな情報が飛び交っているから、わたしたちが日ごろふれる情報量は格段に増えています。

そんな中、一年に何度か少年たちの凶悪犯罪の報道にふれると、わたしたちは、それが「少年一般」の傾向であるかのように勘違いしてしまいます。まさに「一般化のワナ」に陥ってしまうのです。

似たような例は、数え上げればキリがありません。生徒を殴って大けがをさせたとか、生徒にわいせつな行為をしたとか、そういう不祥事を起こす教師についての報道も、近年よく耳にします。

こうした報道を見るたびに、多くの人たちは、「最近の教師はダメになった」と思ってしまってはいないでしょうか？

もはやいうまでもないことですが、これもまた「一般化のワナ」です。限られた情報、限られた経験から、わたしたちは思わず、それを「一般化」してしまう傾向があるのです。

## みんなが納得できるだろうか？

以上述べてきた、自分の経験を一般化しすぎない、つまり「一般化のワナ」にひっ

［＊1］具体的なデータなどが知りたい方は、巻末の参考文献・ブックガイドでもご紹介している、広田照幸・伊藤茂樹『教育問題はなぜ間違って語られるのか？』をご覧ください。

かからない、ということは、哲学が積み上げてきた「知恵」の基本中の基本です。すぐれた哲学者は、みな、「一般化のワナ」にひっかからないよう厳しく自分をいましめてきました。

たとえば、「恋って何だろう?」という問いを考えた時、多くの場合、わたしたちはそれぞれの恋愛経験を、つい一般化して語り合ってしまうものです。

もちろん、恋というのはどこまでも個人的なものだから、わたしたちは恋愛を、まずは自分の経験からしか語ることができません。でも、まさにそれが個人的な経験であるからこそ、わたしたちは、自分の恋愛経験を一般化して、それがまるで恋愛一般の真理であるかのように語ってしまうわけにはいかないのです。

「はじめに」でも例にあげたソクラテスは、この「恋愛」を一つの大きなテーマとして考えた人でした。そして彼はまさに、それぞれの恋愛経験を安易に一般化するのじゃなくて、だれもが納得できるような恋の本質にせまろうじゃないかと考えたのです。

たとえばある人が、ソクラテスにこういいました。

「恋なんて結局は一時の気の迷い、だから本当はくだらないものなのだ」

これは多くの人に経験があって、だからこそだれもがある程度納得できる考えといえるかもしれません。

でも本当にそうだろうか？　ソクラテスは考えました。これも結局、自分の個人的な経験を一般化しているだけなんじゃないだろうか？

たしかに、恋は一時の気の迷いかもしれない。でも心の底からだれかと恋に落ちてしまった時、わたしたちは、それを単なる気の迷いだとは思わない。そうソクラテスはいいます。そこには単なる気の迷いですませるわけにはいかない、ある独特の、だれもが納得できるような恋の本質的な意味があるはずなのだ、と。

ちょっと話がそれてしまいましたので、この話はこれくらいにしておきます。このテーマに興味のある方がいらっしゃれば、ぜひともプラトンの『パイドロス』あるいは『饗宴』という著作を読んでみてください。見事な「恋」の洞察が繰り広げられています（紀元前五世紀に活躍したソクラテスは、一文字も著作を残しませんでした。彼の思想は、弟子のプラトンの著作を通じて現代にまで伝わっています）。

ともあれ、「一般化のワナ」にひっかからないようつねに注意するということは、繰り返しますが哲学の知恵の基本中の基本です。哲学の一番基本的な態度、それは、「これは本当にだれもが納得できるような考えなんだろうか？」と、つねに自分に問うことなのです。

でも、先ほどさまざまな例をあげて説明したように、わたしたちは本当によく、うっかり「一般化のワナ」にひっかかってしまいます。

だから教育を考える時（もちろん教育だけじゃないですが）、このことを忘れないようつねに心がけておくことにしよう。

これが、まずは大前提として、みなさんにお伝えしておきたいことの一つです。

# 2 落とし穴その2：問い方のマジック

## ◎二者択一のワナ

もう一つ、前提としておさえておくべき、哲学の知恵の基本中の基本があります。

それは、**「問い方のマジック」にひっかからない**ということです。

「問い方のマジック」とは何でしょう？　例をあげて説明しましょう。

「なんで勉強なんかしなきゃいけないんだろう？」

この本書の主題を、ここで次のような「問い方」に変えてみます。

「学校の勉強は、実生活を送るうえで役に立つか、それとも立たないか？」

……さて、みなさんはどう思うでしょうか？

これが、わたしの言葉でいう「問い方のマジック」です。つまり、「あちらとこちら、どちらが正しいか？」という、二者択一問題のことです。

学校の勉強は、実生活で役に立つか、それとも立たないか。

そう問われると、わたしたちは思わず、どちらかが正しいんじゃないかと思ってしまいはしないでしょうか？

でも、この問いはどちらかが絶対に正しくて、どちらかが絶対に間違っているというような問いではありません。実生活で役に立つものもあれば、あんまり立たないものもある。というより、それは人によって違うから、まさに「一般化」できない問題なのです。

いわれてみれば（いわれなくても）、あたりまえのことです。

でもわたしたちは、**「あちらとこちら、どちらが正しいか？」と問われると、思わず、どちらかが正しいんじゃないかと思ってしまう**傾向がある。まさに、「問い方のマジック」にひっかかってしまうのです。

教育をめぐる問題には、こうした「問い方のマジック」に陥らせるような問いが数え切れないくらいあります。そして実際多くの人が、このマジックに見事にひっかかったまま、こっちが正しい、いやこっちこそ正しいと、対立をつづけているのです。

たとえば次のような問題です。

◎生徒はほめて伸ばすべきか、それとも叱って伸ばすべきか？
◎ゆとりがいいのか、詰め込みがいいのか？
◎エリート教育をするべきか、みんな平等にやるべきか？
◎勉強は競争すべきか、むしろ協力し合うべきか？
◎授業は子どもの興味・関心を活かしてやるべきか、それとも興味・関心にかかわりなく教え込むべきか？

◎いじめをした生徒は即刻退学にすべきか、むしろ反省の機会を与えるべきか？

……例をあげればキリがありません。

みなさんはどうでしたか？　「問い方のマジック」にひっかからないように、と さっきいったばかりなのに、思わず、「やっぱりほめるべきでしょ」とか、「いじめは即刻アウトでしょ」とか、思ってしまったりはしませんでしたか？

実はこうした問いは、国の教育会議なんかでも時折議論されていたりするものです。そしてわたしたちは、「有識者」といわれる人たちですら、見事に「問い方のマジック」にひっかかり、あっちが正しい、いやこっちが正しい、と議論しているのをしばしば目にします。

もう一度いいます。これは、「どちらが絶対に正しいか」と問うような問題ではありません。ほめるのがいい時もあれば、叱るのがいい時もある。いじめをした生徒への対処も、時と場合によっていろいろあってしかるべきなのです。

もちろん、「1＋1＝2と、1＋1＝3、どちらが正しいか」という問いであれば、それは問うまでもないことです。けれど、それが白黒つけがたい問いであった場合、わたしたちはまさに、それが白黒どちらであるかを、絶対的に決定してしまうわけにはいかないはずなのです。

だから、「あちらとこちら、どちらが正しいか」と問うことをまずやめよう。

これが、「一般化のワナ」と同様、哲学の知恵の基本中の基本として、まずみなさんにお伝えしておきたいことです。

## ◎一〇人乗りの救命ボートに、一一人が乗り込んだ……

「問い方のマジック」にわたしたちがどれだけひっかかってしまいやすいものか、もう少しだけ話をつづけましょう。

次の問いについて、少し考えてみてください。

豪華客船が嵐で難破した。海に放り出された人たちが、流れてきた救命ボートに命からがらしがみつく。と、気がついてみると、一〇人乗りの救命ボートに一一人が乗っている。このままだとボートは転覆し、全員死んでしまうことになるだろう。ボートを転覆させないためには、誰か一人を海に突き落とすしかない。

さて、この場合、一〇人が助かるためにだれか一人を犠牲にすることは、正しい行為といえるだろうか？

倫理学と呼ばれる分野で、とても有名な問題です。みなさんならどう答えるでしょうか？

これまで、わたしたちがどれだけ「問い方のマジック」にかかってしまいやすいか、ということを述べてきました。だからみなさんもきっと気づいたと思いますが、この問題は、実は「問い方のマジック」の典型なのです。

一〇人が助かるためにだれか一人を犠牲にすることは、正しい行為といえるだろうか？……「問い方のマジック」の話をした直後でさえ、「それって正しいんだろうか、正しくないんだろうか」と考えてしまった人は多いんじゃないでしょうか。

でもわたしたちはこの問いに、絶対に正しい、あるいは絶対に正しくない、というふうに答えることなんて、実はできないはずなのです。

身もふたもないいい方ですが、それははっきりいって「状況による」からです。

たとえば、もしもボートにものすごく冷酷な男が乗っていて、目にとまったある女性をいきなり海に突き落としたとしたらどうでしょう？

この場合、男の行為は（それによって残り一〇人が助かることを考えると）、「絶対に正しくない」とはいえないにしても、かなり問題のある行為だと多くの人は感じるでしょう。

しかし一方で、もしもそのボートの中にとても正義感にあふれた人がいて、一〇人を救うためみずから海に身を投げたとしたらどうでしょう？

この場合、その人の行為は（残された家族のことやそれ以外の選択肢もあったかもしれないことを考えると）、「絶対に正しい」とはいえないにしても、すごく「立派な」行為だと多くの人は感じるでしょう。

そして、今いみじくも「立派」という言葉を使ったように、わたしたちはその人の行為を、「正しいか、正しくないか」なんていう尺度だけでは、判断できないししないはずなのです。

だから、右のような問題は、「正しいか、正しくないか」という問題じゃない。絶対の正解があるような問題でもない。その時々の状況に応じて、「どのような選択であればぎりぎり納得できるか」というタイプの問題なのです。

その意味では、ボートに乗り合わせた人たちは、だれも犠牲にしないために何ができるかと考えることだってあるでしょう。近くに別の無人の救命ボートが流れているのが見えて、乗り合わせていた屈強な若者が、そちらへ泳いで渡ろうとすることだってあるかもしれません。

いずれにせよ、わたしたちは、とくにこの「救命ボート」問題のように、極限状況におけるある行為が「正しいか、正しくないか?」などとたずねられると、思わず「正解はどっちだろう」と考えてしまう傾向があるわけです。でも、実はまさにこれこそ、「問い方のマジック」にほかならないものなのです。

ちなみに、こうした究極的選択の是非を問う問題は、わたしたちがしばしば出会うものですが、とても意地の悪い問いだとわたしは思います。こうした問題は、ある極限状況を設定したうえで「正しいか、正しくないか？」と問うことで、人の行為には、いついかなる時も絶対に正しい選択があるかのような錯覚に人を陥らせてしまうからです。そして、状況に応じて柔軟に行動するという発想を、えてしてわたしたちから奪ってしまうのです。

以上見てきたように、「あちらとこちら、どちらが正しいか？」という「問い方のマジック」は、意外にたやすくわたしたちをあざむくものです。だから繰り返しいっておきたいと思います。「あちらとこちら、どちらが正しいか？」とか、「これは正しいか、正しくないか？」とかいった問いは、まずたいていの場合、「問い方のマジック」なのだ、と。

「一般化のワナ」と、「問い方のマジック」。この二つに、まずはとにかくひっかからないよう気をつけよう。これが、本書の主題に入る前に、まずみなさんにお伝えしておきたい哲学の知恵の基本中の基本です。

## ○第三のアイデアを

じゃあわたしたちは、「あちらとこちら、どちらが正しいか？」じゃなくて、いったいどう考えていけばいいのでしょうか。

考え方はシンプルです。**あちらもこちらもできるだけ納得できる、第三のアイデアを考えよう。**

あっけないほどに単純です。でも、このことを十分に自覚していることが、とてもたいせつなことなのです。

先ほど、哲学というのは、自分の一人よがりな経験を一般化するんじゃなくて、「これは本当にだれもが納得できるような考えなんだろうか？」と、つねに自分に問うものだといいました。まさに哲学は、あちらかこちらかではなく、あちらもこちらも納得できるような、より根本的な考え方を示そうとするものなのです。

じゃあ、具体的に第三のアイデアって、どうやって考えていくことができるんだろう？

続く第2章以下では、その考え方のコツ（哲学の知恵）をお伝えしながら、いよいよ、「なんで勉強なんかしなきゃいけないの？」という問いに、「答え」を出していくことにしたいと思います。

## コラム1 超ディベートについて

「あちらとこちら、どちらが正しいか？」という問いは、実はみなさんにとって、けっこうなじみの深いものなんじゃないでしょうか？

そう、みなさんもきっと学校で経験したことのある、「ディベート」がこのスタイルに近いのです。ある公共的なテーマについて、肯定側と否定側に分かれ、どちらの意見が論理的に説得力があるかを競い合う、あのディベートです。

ディベートの意義は、たくさん指摘されています。

まず、論理的な思考力がつく。たとえば肯定側と否定側に分かれる時、ディベートでは必ずしも自分の意見と同じ側に立つわけではありません。自分の意見と異なった側に立ったとしても、その立場から相手と議論しなければなりません。だからその過程で、物事を、感情的にではなく筋道立てて考えていく力がつくのだといわれています。

また、相手の立場に立って物事を考えられるようになる、ともいわれています。相手に反論し、論駁するためには、向こうがどのような論理をつむいでくるか、しっかりと考えられなければならないからです。だからディベートは、意見の異なる相手のことも、ちゃんと考えられる態度を身につけることができるのだ、といわれています。

どちらも、まったくその通りだと思います。

でもそのうえでわたしは、ディベートを、もっと建設的でもっと創造的なものに、もう一歩進めたほうがいいんじゃないかと考えています。

第1章で何度もいったように、「あちらとこちら、どちらが正しいか」という問いに、絶対的な答えはまずないからです。

だから、肯定と否定、どちらが論理的に説得力があるか、というディベートのやり方も、ほんとはあんまり建設的ではないいんじゃないか。わたしはそう考えています。

じゃあどうすればいいか。

肯定と否定、どちらの意見も考え合わせたうえで、どちらも納得できるような第三のアイデアを見いだそう。わたしはそちらのほうが、もっと建設的なディベートのやり方なんじゃないかと思います。

これをわたしは、「**超ディベート**」とか「**共通了解志向型ディベート**」とか呼んでいます。

共通了解を志向するとは、要するに、「なぁるほど、そうやって考えればお互い納得できるね」といい合えるような考え方を見いだそうとすることです。

誤解のないようにいっておくと、わたしはけっして、ディベートなんてまったくダメだなんて考えているわけではありません。ディベートのあり方は、もっともっと建設的で、創造的な方向へと発展させていくことができるはずだといっているのです。

そしてそうでなければ、いわゆる従来型のディベートには、ある深刻な問題さえあるかもしれない。わたしはそう思います。

もしもディベートが、肯定側と否定側に分かれてお互いの論理的説得力を競い合う議論にとどまってしまうなら、それはむしろ、わたしたちを「問い方のマジック」に陥らせる思考のくせを、はぐくんでしまうことになりかねないんじゃないか。「あちらとこちら、どちらかが正しいはずだ」と思わず人に思わせてしまう、そんな思考のくせを、はぐくんでしまいやすいのではないか。

何度もいうように、「あちらとこちら、どちらが正しいか?」という問いに、絶対的な答えはありません。だから重要なことは、「どちらが正しいか?」「どちらが論理的に説得力があるか?」と問うことよりも、あちらとこちら、どちらも考え合わせたうえで、なおお互いが納得できる、第三のアイデアを考え合うことだと思うのです。

ディベートは、そんな「共通了解志向型ディベート」であったほうがいい。わたしはそう考えています。

# 第2章

# なんで勉強しなきゃいけないの？

「なんで勉強なんかしなきゃいけないの？」

第2章では、本書の主題であるこの問いに取り組んでいくことにしましょう。

そして、いきなり身もふたもないことをいってしまいます。

——そんなの、絶対的な答えなんてあるわけがない。

## 1 どうして答えが出ないのか？

### ◎「納得解」を見つけよう

「は？」と思う前に、まずは話を聞いてください。

そもそも、わたしは「はじめに」でも次のようにいいました。「なんで勉強なんかしなきゃいけないの？」という問いに、絶対的な「正解」はない。わたしたちが見つけるべきは、「なぁるほど、そう考えれば納得できるな」という「納得解」なのだ、と。

これは、みなさんにもひとまずは認めてもらえることだと思います。

「いい大学に入って、いい会社に入るため」とか、「忍耐力や論理的思考力を鍛えるため」とか、いろいろ答えはあったとしても、どれが絶対の正解というわけではありません。それは人によっても、時と場合によっても違う、まさに一般化することのできないものです。

そして、まずこのことを深く自覚することこそが、「なんで勉強なんかしなきゃいけないの？」という問いに答えるための、最もたいせつな第一歩なのです。

というのも、わたしたちはあまりにしばしば、勉強する意味に正解なんてないんだということを、忘れてしまいがちであるからです。

「いい大学に入る」ことが正解であるかのようにいわれると、「それって本当かな？」と思ってしまうものです。「いい会社に入る」ことが正解であるかのようにいわれると、「それってなんかイヤなんだけど」と思う人もいるはずです。

あるいはまたみなさんは、「つべこべいわずに勉強しなさい。やらなきゃいけないものは、やらなきゃいけないんだから」といわれたこともあるかもしれません。これもまた、まるで「勉強はしなきゃいけないもの」というのが正解であるかのような口ぶりです。

でもわたしたちは、勉強する意味に正解があるかのように語られると、なかなか納得することができないものなのです。それもそのはず、何度もいうように、この問いに絶対的な正解なんてそもそもないからです。

もっと正確にいいましょう。

**「答え」は一つじゃない**のです。人によって、また時と場合によって、勉強する意味や理由はさまざまに変わるし、またいくつもあっていいのです。

「いい大学に入るため」という理由ももちろんあっていい。純粋に楽しいからという理由だって、あるかもしれません。先生が好きだからとか、好きな人と一緒に勉強できるからとか、そんな理由だって別に全然かまいません。

「なんで勉強なんかしなきゃいけないの?」

この問いの「納得解」を見つけるための、まず最初の第一歩、それは、この問いに絶対的な正解なんかないんだということ、つまり答えは一つじゃないんだということを、深く自覚することにあるのです。

## ○ニヒリズムという〝どん詰まり〟

実は、第1章でお話した「一般化のワナ」も「問い方のマジック」も、まさにわたしたちに正解を求めてしまう傾向があるからこそ陥ってしまう問題です。自分の経験こそが正解なのだと「一般化のワナ」にひっかかり、「あちらとこちら、どちらかが正解に違いない」と、「問い方のマジック」にひっかかってしまうのです。

正解を求めることに、わたしたちはあまりにも慣れすぎてしまっている。そういっていいかもしれません。学校教育の、ある意味一つの問題だともいえるかもしれません。

でも、世の中には絶対的な正解なんてない問題がゴマンとあります。いや、むしろそちらのほうがほとんどです。

どうすれば勉強ができるようになるだろうとか、どうすれば好きな人をふり向かせられるだろうとか、どうすれば幸せになれるだろうとか、どれも唯一絶対の正解なんてない問いです。

にもかかわらず、わたしたちはどんな問題に対しても、思わずどこかにたった一つの正解があるんじゃないかと思ってしまうことがある。そして実はこのことが、「なんで勉強なんかしなきゃいけないの？」と疑問をもつ人たちに、大きな問題をもたらしているのです。

正解があると思うから、わたしたちはどん詰まりに行きあたるのです。正解のない問いに正解を求めたって、わたしたちはどこへも行きつかないのだから。

そしてそんなどん詰まりに行きあたった時、わたしたちは多くの場合、「もうどうだっていいや」と思うようになってしまいます。悩んだって結局意味がないんだから、そんな問題、考えたってしょうがない……。

「はじめに」でもいったように、「なんで勉強なんかしなきゃいけないの？」という問いは、たぶんほとんどの人が考えたことのある問いだと思います。でも同時に、ほとんどの人が、考えるのを途中でやめてしまった問いなんじゃないかとも思います。それもそのはず、正解がないのに正解を考えつづけるのって、すごくむなしいことなのです。

にもかかわらず、わたしたちはどこかで、やっぱり答えが知りたいと思う。でもそれがわからないから、「どうせやらなきゃいけないものは、やらなきゃいけないんでしょ」と、いつのまにか思うようになっていく。そうしてますます、むなしくなってしまうのです。

こうしたむなしさを、ちょっと大げさな言葉で「ニヒリズム」といいます。「虚無主義」と訳されますが、要するに、「もうどうでもいいや」という気持ちや態度のことです。

人はなぜこうしたむなしさ、つまりニヒリズムに陥ってしまうのか。

それは、どこかに正解があるはずだと思っているからです。正解があるはずなのに、それが全然つかめない時、人は「ニヒリズム」に陥ってしまうのです。

だから大げさついでにいってしまうと、「なんで勉強なんかしなきゃいけないの？」という問いに唯一絶対の正解を求めてしまうと、わたしたちはみんな、多かれ少なかれニヒリズムに陥ってしまいます。結局正解が見つからないまま、つまり勉強する意味がわからないまま、それでも勉強をさせられつづけなければならないのだから。

というわけで、まずはきっぱり、「勉強する意味に唯一絶対の正解なんてないんだ」といってしまいましょう。

繰り返しますが、これが、勉強する意味の納得解を見つけるための、まずは最初の第一歩なのです。

## ◎「神は死んだ」

以上のお話、実はニーチェ［＊2］という哲学者のいったことを、ちょっとアレンジしたものです。「ニヒリズム」というのは、ニーチェのおかげでとても有名になった言葉なのです。

というわけで、ここで少し、ニーチェがどんなことをいったのか、お話してみたい

［＊2］ニーチェ（Friedrich Wilhelm Nietzsche, 1844-1900）：ドイツの哲学者。一九世紀最大の哲学者の一人とされ、現代思想にも大きな影響を与えました。著書に、『悲劇の誕生』『道徳の系譜』『ツァラトゥストラ』など。

と思います。

ニーチェは一九世紀ドイツの人ですが、当時、ヨーロッパではキリスト教の権威がかなり揺らいでいました。キリスト教といえば、ヨーロッパの人たちの「生きる意味」や「道徳」などを、一番底でずっと支えつづけてきたものです。

ところが、宗教対立や科学の進歩などをきっかけに、このキリスト教の信用がずいぶんと弱まってしまいました。これはまさに、ヨーロッパの人たちにとっては、生きる意味や道徳の正解がなくなってしまったということでした。

ニーチェの有名な言葉に、「神は死んだ」というものがあります。

これは、人びとの生きる意味や道徳の、絶対的な正解が失われてしまったという意味です。

この時ヨーロッパ中に蔓延したのが、例のニヒリズムでした。さっきもいったように、正解があるはずだと思っていたのにそれがつかめなくなってしまった時、人は、「もうどうだっていいや」というニヒリズムに陥ってしまうのです。

そしてこのニヒリズム、実は人間にとって想像以上に苦しいものです。「もうどうだっていいや」というのは、「どうせ人生に意味なんてないんだ」という叫びだからです。

意味もない（わからない）のに生きなければならないというのは、わたしたち人間にとって、やっぱりつらいことなのです。本書の問いに少し戻ってみると、意味がわからないのに勉強しなきゃいけないというのは、わたしたちにとってやっぱりつらいことなのです。

だからニヒリズムは、できるなら乗り越えたほうがいい。

――じゃあどうやって？

そのお話をする前に、今の日本も実はニヒリズムの時代といえるんじゃないか、ということを、少しだけお話してみたいと思います。

第二次世界大戦後、日本では経済成長こそが「正解」でした。人びとの暮らしは、戦後どんどん豊かになっていきました。

だれもがこの「正解」を信じることができました。だから、ビジネスに失敗してつらい思いをしたという人はいたとしても、みんながみんなニヒリズムに陥るなんてことはありませんでした。とりあえず、ちゃんと勉強してちゃんと働けば、暮らしはどんどん豊かになるんだと信じることができたからです。

ところがその後、一九九〇年代初頭にバブルがはじけて、以来不況がつづいています。勉強して、いい大学に入っていい会社に入れば幸せになれる、という図式も、今ではあまり成り立たなくなってしまいました。大企業ですらいつ潰れるかわからないし、リストラされてしまうかもしれないからです。

まさに、生き方の正解がなくなってしまったのです。

今では多くの人が、「ちゃんと勉強してちゃんと働けば、暮らしはどんどん豊かになるんだ」なんて、なかなか信じることができずにいます。

どうやって生きていけば幸せになれるのか。その正解がわからなくなってしまった今の日本には、だからニヒリズムが蔓延しているように思えます。「どうしたって幸せになんかなれないんだよ、だからもうどうだっていいや」といった気分が、どことなく漂っているように思えます。

と、こういいながらも、実はわたし自身は、今の若い人たちが、このニヒリズムを乗り越えようとしているのを感じています。少なくとも、その芽生えがあるのを感じています。

そしてそれは、まさにニーチェがいった、ニヒリズムの克服のしかたと同じなんじゃないかと思っているのです。

## 2 「答え」を出すにはこう考える

### ◎ニヒリズムを乗り越える

ニーチェはいいました。ニヒリズムなんて、希望もへったくれもない言葉。だから

これを克服しよう！

でもどうやって？

ニーチェは答えます。

「それはまず、ニヒリズムを徹底することだ！」

……どういうことかちょっとわかりづらいと思いますので解説すると、ニーチェはつまりこういうのです。

「どこかに正解があるはずだ」なんて思うから、人は、「なんだ、どうせ正解なんて見つからないんだ」と結局ニヒリズムに陥ってしまうのだ。

だったら、まずは徹底的に自覚しようじゃないか。正解なんて、山の彼方にも、幸せの青い鳥みたいに自分の身近なところにも、とにかくどこにもないのだということを。

たとえば、生きる意味に絶対の正解なんてない。そのことを、まず徹底的に自覚しよう。

かつて生きる意味は、（ヨーロッパの人びとにとっては）キリスト教が与えてくれていました。それは、死後神のみもとへ行って、永遠の命を得るためだ、といった具合に。

それをちゃんと信じられればそれでいいのですが、今ではその話を心から信じることができる人は、そう多くはなくなってしまいました。

にもかかわらず、「いや、どこかに正解があるはずだ」なんて思ってしまったら、ニヒリズムへ真っ逆さまです。

だから、生きる意味に唯一絶対の正解なんてもはやないのだということを、まずは徹底的に理解せよ。そうすれば、「なんだ、どうせ正解なんてないんだ」と思って、ニヒリズムに陥ることもない。だって、そもそも正解なんてないんだってことを、その人はもう十分知っているんだから。ニーチェはそういうのです。

でももちろん、それで終わりというわけではありません。ニヒリズムの乗り越えはここからが本番です。

たしかに、生きる意味の唯一絶対の正解なんてない。でもよく考えてみよう。そうはいっても、わたしたちにはこう思う瞬間があるんじゃないか？

そう、「ああ、これが生きる意味だったんだ」とか、「ああ、生きていてよかったな」とか、そんなふうに強く思える瞬間が。

それは絶対の正解ではないけれど、確かな手ごたえのある、いきいきとした生きる意味の実感だ！

たとえばそれは、だれかをものすごく好きになった時かもしれない。昔からの夢が叶った時かもしれない。もっと小さなことだっていい。試験でいい成績をとれた時かもしれないし、スポーツの試合に勝てた時かもしれない。

生きる意味に絶対的な正解なんてない。でもわたしたちには、「ああ、これが生きる意味だったんだ」「生きていてよかったな」と思える時がある。

だったらそれを見つけよう！

そして、自分なりの生きる意味をかみしめ味わおう！

これが、ニーチェが出したニヒリズムを乗り越えるための考え方でした。**絶対的な正解ではなく、自分にとっての「正解」を見つける**こと。ニーチェがうったえたのは、そういうことでした。

## ◯「問いの立て方」を変える

ところで、実はこれ、ニーチェ自身の実体験から生まれた考えでした。

ニーチェは若いころから神童で、なんと二四歳の時に大学教授にまでなった人でした。

ところがその後、彼のあまりに独創的な研究や思想には批判が殺到、学界からはほとんど無視されるようになりました。

さらに三〇代半ばで、かねてからの病気が悪化し大学を辞めざるを得なくなり、やがて放浪生活を送るようになります。本を書いてもほとんどだれからも相手にされず、孤独な日々がつづきました。

――そんな絶望の時でした。ニーチェが恋に落ちたのは。

相手の名前は、ルー・ザロメ。哲学が好きな、とても知的で男心をくすぐるのがうまい、端正な顔立ちの美人でした。

あっという間に恋に落ちたニーチェは、とにかくルンルンの有頂天。出会って数日後に、ザロメにプロポーズするほどの狂いっぷりでした。

けれどザロメのほうは、ニーチェに男としての魅力をそれほど感じていたわけではなかったようで、二人の関係はつかずはなれず。ニーチェとしては、やきもきした時期をしばらく過ごさなくてはなりませんでした。

そんな折り、ニーチェはついにザロメと、スイスの山中で二人っきりになれるチャンスをつかんだのです。

ニーチェは自分の思想を心ゆくまで語りました。彼の話に感動したザロメとの間に、もしかしたら何かあったのかも……ともいわれていますが……ともかくこれは、ニーチェが後に、「生涯で最も恍惚とした夢」と語った経験になりました。

さて、ところがこのルー・ザロメ、その後、よりにもよって、ニーチェの親友と恋仲になってしまうのです。

絶望の淵につき落とされるニーチェ。自暴自棄になり、アヘン（ケシの実からつくられる麻薬です）にまで手を出しました。

現代哲学の最高峰の一人といわれるニーチェですが、私生活はこんなふうに（ある意味愛すべき）、けっこうダメダメな人だったんですね。

その後のニーチェはとにかくどん底。あいかわらず彼の哲学はだれからも相手にされないまま、体は病気でむしばまれていきます。そしてやがては精神まで、ひどく病んでしまいます。

けれどニーチェは、やがて思い出すのです。あのザロメとの楽しかったひと時を。

そしてついに気がつきます。

生きる意味の絶対的な正解なんてない。でも、「ああ、これこそが生きる意味だったんだ！」と思える瞬間はあるのだと。

ザロメと過ごしたあのひと時、あの時自分は、たしかに、「これこそが生きる意味だったんだ」と確信したのだ！


――こうしてニーチェは、わたしたちが見いだすべきは、生きる意味の絶対的な正解なんかじゃなくて、自分自身にとっての生きる意味なんだということに気がついたのです。

そしてこれは、地味なようでいて、実はとても大きな「問いの立て方」の変更でした。

絶対的な生きる意味を見つけようとするんじゃなくて、自分にとっての生きる意味を見つけよう。

　ニーチェはそう考えたのです。


　ところで、ニーチェはこの考えを、以上のように自分の経験から見いだしました。でもそれは、けっして「一般化のワナ」に陥った考えにはなっていないとわたしは思います。

　みなさんも、自分の経験を振り返って、ニーチェの言葉に深くうなずくことはできないでしょうか？

　絶対的な生きる意味なんてない。でも私たちは、自分にとっての生きる意味を、時に感じられることがある……。

「それはだれもが納得できる考えになっているだろうか？」

　これが、すぐれた哲学者がつねに自分に問う姿勢です。ニーチェもまた、自分の経験から得た知恵を、見事に普遍的な哲学の知恵へと高めたのだといえると思います。

## ○自分にとっての正解を

ところでさっきわたしは、今の日本の若者たちは、少しずつ、日本に蔓延しているニヒリズムを乗り越え始めているんじゃないかといいました。そしてその乗り越え方は、まさにニーチェがいったのと同じようなしかたなんじゃないだろうかと。

今の若い人たちの多くは、生き方に正解があるなんて、もはや考えていないんじゃないかと思います。いい大学に入っていい会社に勤めるのが絶対の正解だとか、お父さんが働いてお母さんが家事や子育てをするのが正解だとか、男は男じゃなくて女の人を好きになるのが正解だとか、そんなことを、あんまり強固には考えていないのではないかと思います。

大学なんか行かなくても、高校卒業後にたとえば起業するという道だってある。スポーツや芸術の道を選ぶということだってある。共働きなんて今じゃあたりまえだし、お母さんが働いてお父さんが子育てするというスタイルだって全然ありだ。同性愛だって、どうやらけっこう普通のことらしい。……そんなふうに、多くの若い人たちは思っているのではないでしょうか。

だから、生きる意味とか生き方とかに絶対の正解なんてなくて、自分なりの生きる意味や自分なりの生き方を見つければいい。若者たちの中には、そう考えている人が比較的多いのではないかと思います。

そしてそれは、ニヒリズムを克服するための、まずは最初の一歩です。

生き方に正解があると考える人たちは、容易にニヒリズムに陥ってしまいます。絶対の正解なんてとっくの昔になくなってしまっているのに、それをまだ固く信じて、でもそれが叶わないことに、絶望してしまいやすいからです。

それに比べれば、若者たちの多くは、正解なんてないのはもうあたりまえ、むしろ自分なりの生き方を見つければいいんだよと、すでにけっこう考えているんじゃないでしょうか。

繰り返しますが、それはニヒリズムを克服するための、まずは最初の一歩です。

ニヒリズムの乗り越え方、それはまず第一に、絶対の正解なんてないんだということを徹底的に自覚して、そのうえで第二に、自分にとっての正解を見つけようとすることなのです。

ただし、「絶対の正解」ではなくて「自分なりの正解」を見つけるというのには、二つばかりやっかいな問題もあります。

一つは、それが「自分さえよければ後はどうでもいいんだ」という態度につながりやすいこと。自分は自分の生き方を貫いてるんだから、他人がつべこべいうんじゃない、という態度です。

これは、わたしの考えではたいていの場合ＯＫです。自分なりの生き方が、別に人の迷惑になっていないのなら、とりたてて責められるいわれはありません。

でも、それがいきすぎて、また別の人の生き方を傷つけるようなことがあったとしたら、それはやっぱり問題です。このことには、ちゃんと注意しておく必要があります。

もう一つの問題は、「自分なりの正解」「自分なりの生き方」なんて、言葉でいうのは簡単だけど、実際に見つけるのは（そしてそれを貫くのは）けっこう大変だということです。

かつてのように「絶対の正解」が与えられていたころ、ある意味人は楽でした。社会が正解だということをただただ信じて、それに向かってがんばっていけばよかったんだから。

でも、その正解が失われて、「自分なりの正解」を見つけなければならなくなった今、若者たちはけっこうしんどい思いをしています。

自分はどうやって生きていけば幸せなんだろう。自分は何をめざせばいいんだろう。そうしたことを、四六時中考え、悩んでいなければならないからです。

じゃあ、「自分なりの正解」「自分なりの生き方」って、いったいどうすれば見つけられるんだろう？

このことについては、また後のほうでお話することにしたいと思います。

## ○条件を整える

ということで、いろいろ回り道をしましたが、ここでわたしたちの問いにもう一度戻ってみることにしましょう。

「なんで勉強なんかしなきゃいけないの？」

もうみなさんおわかりだと思います。

この問いに、「唯一絶対の正解」なんてない。まずはそのことを徹底的に自覚しよう。

考えるべきは、「自分にとっての正解」です。もうちょっというと、「なんで勉強なんかしなきゃいけないの？」と問うよりは、「自分はどういう時に勉強する意味を感じられるんだろう？」と問うことです。

そしてその答えは、一つじゃなくていい。

たとえば、それが自分の興味・関心にばっちり重なった時、わたしたちはその勉強の意味を、かなり感じられるんじゃないかと思います。将来の夢があり、そのために必要な勉強だと感じられたら、その意味はもちろん十分感じられるでしょう。

あるいは「わかる」喜びを感じた時もそうでしょう。テストでいい成績をおさめた時もそうかもしれないし、もしかしたら、好きな人と一緒に勉強できた時もそうかもしれません。

ともかく、唯一絶対の答えを求めて「なんで勉強なんかしなきゃいけないの？」と問うんじゃなくて、「自分はどういう時に勉強に意味があると思えるんだろう？」と問うことが重要なのです。

そしてその答えを見つけられたら、そう思えるための条件を自分で整えていけばいい。

興味をもてない学習内容も、なんとかして自分の興味・関心に引きつけてみるとか、自分に合う先生を見つけて教えてもらうとか。あるいは、好きな人と一緒に勉強できるように画策するとかいった条件整備だってありでしょう。

繰り返しいってきたように、勉強する理由や意味に「絶対の正解」はありません。「自分なりの正解」をいくつも見つけて、その意味を実感するための条件を整えればいいのです。

ただし、あなたにとっての勉強する理由が、ほかのだれかをひどく傷つけるようなものだったり、あるいは自分自身を苦しめてしまうようなものだったら、それはいい理由とはいえないから、思い切って捨てたり、脇へ置いたりしてしまったほうがいいとわたしは思います。

「親の期待に応えるため」とか、「友だちを蹴落として一番になるため」とか、そうしたことが勉強する意味だった場合、別にそれが自分や人を苦しめないのならそれでいいかもしれないけれど、もしひどく苦しめることになってしまうのだとすれば、別の意味を見つけだしたほうがいい。そう思います。

## 3 〈自由〉になる──だれもに共通する「答え」

### ○「生きたいように生きる」には

さて、本章の最後に、どうしてもいっておかなければならないことがあります。というより、これまで「勉強する意味」についてあれこれいってきましたが、わたしが本書で最もいいたいことは、実は次のことなのです。

自分なりの勉強する意味を見つけよう。これまで、わたしは繰り返しそういってきました。それは時と場合と、そして人によってそれぞれです。絶対に正しい答えなんてありません。

でも、そのうえでなお、わたしはあえて次のようにいってみたいと思うのです。

たしかに、勉強する意味に絶対の正解なんてない。でも、それでもなおわたしたちは、おそらくほとんどだれもに共通するといっていい、最も根本的な勉強する意味を見いだせる。

だれもに共通する、勉強の意味。それっていったい、なんでしょう？

以下の「答え」、みなさんも十分納得できるかどうか、ぜひじっくり考えてみてください。

——ズバリ「答え」をいってしまいます。

それは**〈自由〉になる**ためです。勉強するのは、最も根本的には〈自由〉になるためなのです。

といっても、まだピンとはこないと思います。少し解説しましょう。

ここでいう〈自由〉というのは、「生きたいように生きられる」ということです。

もうちょっというと、**できるだけ納得して、さらにできるなら満足して、生きたいよ**

**うに生きられているという実感**のこと。これが〈自由〉という言葉の意味です。

自由、というと、一切の束縛がない状態とか、なんでもやりたい放題のわがまま状態とかいったニュアンスもありますが、わたしがここでいう〈自由〉は、状態というよりは実感のことです。「生きたいように生きられている」と感じる、その実感のことです。

どんな状態を自由な状態と感じるかは、人によって違います。一切の束縛がない状態も、人によっては不自由に感じる場合があります。何をやってもいい、といわれると、何をやったらいいかわからなくてしんどい思いをするということもあるものです。あるいはわがまま放題ができる状態にあっても、それで多くの人から嫌われてしまったら、結局は〈自由〉の実感を失ってしまうかもしれません。

だから〈自由〉というのは、まずは状態というより実感のことと考えたほうがいいのです。

そんなわけで、ここでは一般的な「自由」のイメージと区別するため、山カッコつきで〈自由〉と書くことにしたいと思います。

そしてこの〈自由〉、きっとだれもが欲しているはずのものなのです。

「生きたいように生きたい」と思わない人がいるでしょうか？

好きな音楽をやって暮らしたい、好きな人と一緒に暮らしたい、遊んで暮らしたい、有名になりたい、できるだけ静かに暮らしたい……。

みなさんにもいろんな「こう生きたい」があると思いますが、この「こう生きたい」ように生きたい、と思うことを、〈自由〉に生きたいというのです。〈自由〉の実感を欲しているというのです。

このような〈自由〉の実感を、欲していない人がはたしているでしょうか？

もっとも、「こう生きたい」があんまりないとか、漠然としていてよくわからないとかいう人も、中にはいると思います。

でもその場合も、「こう生きたくはない」というのはあるでしょう。一生いじめられつづけるとか、一生休みなしで働くとか、そういうふうには生きたくない、というのはあるでしょう。

だから、「こう生きたくはない」、というのもまた、〈自由〉に生きたいということの、いってみればちょっと弱めの表現なのです。「こう生きたくはない」ということは、そうじゃないように生きたいということ、つまりやっぱり、「生きたいように生きたい」ということだからです。

ということで、人はだれもが、どうしても「生きたいように生きたい」、つまり〈自由〉に生きたいと思っているはずなのです。

## ◯〈自由〉になるため

さて、重要なのはここからです。

だれもがみんな、〈自由〉に生きたいと思っている。

でも、**〈自由〉に生きるためには、必ずなんらかの「力」がいる**のです。

たとえば、読み書き算ができなかったとしたらどうでしょう？ きっと、電車に乗ることも買い物をすることも困難でしょう。そればかりか、契約書が読めないばかりにだれかにだまされて、まるで奴隷みたいに働かされてしまうということだってあるかもしれません。

それはとても〈不自由〉なことです。

もちろん必要なのは、読み書き算などの基礎的な「力」だけではありません。スポーツ選手になりたいのであれば、そのための「力」がいるでしょう。学者になりたいのなら、膨大な「知識」がいるでしょう。世界で活躍するビジネスマンになりたいのなら、外国語力や世界についての「教養」がいるでしょう。

わたしたちは、〈自由〉に生きるために実にさまざまな「力」を必要としています。

だからこそ、わたしたちはこういうべきなのです。

わたしにとっての勉強する意味っていったいなんだろう？

――それは最も根本的には、わたしを〈自由〉にしてくれる「力」を身につけることだ、と。

このことを、みなさん自身を振り返ってぜひとも考えてみてください。

〈自由〉に生きるためには、そのための「力」がいる。その「力」をつけるために、わたしたちは勉強しているのです。

どうでしょうか？　もしみなさんに納得していただけたなら、わたしとしてはとてもうれしく思います。

とはいえもちろん、障害や病気などの理由で、そうした「力」を十分身につけることがむずかしい子どももいます。でも、そうした子どもたちにも必ずできるかぎりの「力」をはぐくむことが、実は学校というものの使命なのです。そして、そうした人たちの〈自由〉もまた、しっかり認められるよう子どもたち一人ひとりをはぐくむことが、学校というものの使命なのです。

この点については、次の章でまたじっくりお話することにしたいと思います。

## ◯この章のまとめ

「なんで勉強なんかしなきゃいけないの？」

本章では、この問いに答えることを試みてきました。

「答え」はこうです。

まず、この問いに唯一絶対の正解なんてない。だから、自分なりの正解、自分なりの勉強する意味を見つけよう。そしてそれを、実現できるような条件を整えよう。

これが、「なんで勉強なんかしなきゃいけないの?」という問いに対する、まずは最初の「答え」です。

でも、たしかに勉強する意味は人によって、また時と場合によってそれぞれなのだけど、わたしはあえて、わたしたちが勉強する根本的な意味は、〈自由〉になるためなのだと主張したいと思います。

これが第二の「答え」です。

人はだれもが、「生きたいように生きたい」、つまり〈自由〉に生きたいと思っている。そして〈自由〉に生きるためには、必ずなんらかの「力」がいるのです。

勉強するということ、学ぶということは、この、〈自由〉になるための「力」を身につけるということなのです。

とはいえ、今みなさんは、「なんでこんな勉強を学校で強制されなきゃいけないの？」と思っているかもしれません。強制的な勉強のために、学校での勉強が自分の〈自由〉にちゃんとつながっていくのか、なかなかわかりづらく思っているかもしれません。

それは無理もないことだと思います。わたしたちは多くの場合、学校に、何をいつどのように勉強すべきかを、全部決められてしまっています。しかもそれを、テストで評価までされてしまう……。

そんな受け身で強制的な勉強に、「意味がある」とか、「これで〈自由〉になれる」とか、なかなか思えるものではありません。

だからこそ、「なんでこんな勉強しなきゃいけないんだ」じゃなくて、「そうか、これが自分にとっての勉強する意味だったのか！」と思えるような方向に、学校や教育をちゃんと変えていく必要がある。

わたしはそう考えていますが、このことについては、次の章でもっとくわしく述べることにしたいと思います。

# コラム2 「唯一絶対の正解」ってほんとにないの？

第2章では、「唯一絶対の正解」なんてない、ということを、何度もしつこくお話しました。

でも、中には疑問に思った人もいるかもしれません。「それってほんとなの？」

たとえば、数学とか物理学の世界では、やっぱり「唯一絶対の正解」があるんじゃないの？「わたしは男だ」とか「女だ」とか、それもやっぱり「正解」なんじゃないの？

いい質問なので、このコラムでは、このいかにも「哲学的」な疑問についてお話をしてみたいと思います。

ものすご〜く哲学的なお話をしますので、ちょっと頭がイタくなったら、飛ばして第3章に進んでください。でもここまでを読んで、なんとなく哲学っぽいこと好きかも、と思った人がいたとすれば、ここでのお話もきっと楽しんでもらえるんじゃないかと思います。

実は哲学では、もうずいぶん昔から、「唯一の正解」とか「絶対の真理」とかいったものは（わから）ない、ということが〝証明〟されています。

それは、数学だろうが物理学だろうが、わたしは男か女かとかいった問題だろうがおんなじです。

いったいどういうことでしょう？

ちょっとみなさんにお聞きしたいと思います。

みなさんは、かつてこんなことを思ったことはありませんか？

「自分が見ている空の青と、ほかの人が見ている空の青、本当にまったくおんなじ青色なんだろうか？」

どうでしょう？　わたしの経験では、だいたい一〇人に三〜四人くらいの割合で、こんな疑問をもったことのある人がいるようです（わたし自身もそうでした）。

みんな、空は青いという。でも、わたしが見ているこの青と、ほかの人が見ているこの青、本当に、まったくおんなじ色なんだろうか？

――さて、この答え、どうなるかわかりますか？

ズバリいってしまいましょう。

「それはけっしてわからない……」

一瞬「え?」と思ったかもしれませんが、ちょっと考えればわかることです。わたしが見ている青と他人が見ている青がまったく同じ色かどうか、わたしにはけっしてわからない。だって、わたしはほかの人じゃないから、その人にどう見えているかなんて、どうがんばったってわかるわけがないんだから。

もっというと、この空の青、わたしが見ているのと、犬が見ているのと、猫が見ているのと、トンボが見ているのと、たぶん全然違っているはずです。犬や猫はあまり色が認識できないというし、トンボはたぶん空が何重にも見えている(?)。

つまりわたしが見ているものが、ほかの生物にはまったく違うものとして見えているということです。

ということは、こういえてしまうのです。

わたしが見ているものが、この見えているままに存在しているかどうかは、実はけっしてわからないのだ、と。

まさに、「唯一絶対の正解」なんて(わから)ないのです。

あるいは、こんなお話もしてみましょう。

今わたしが見ているこの世界、これってもしかして、全部夢だってこともありうるんじゃないの？

――どうでしょう？

これは、実は古今東西、たくさんの思想家たちが考えたことです。

最も有名なのは、中国古代の思想書『荘子』にある「胡蝶の夢」と、一七世紀ヨーロッパの哲学者デカルトの「夢のたとえ」でしょう。

『荘子』にはこうあります。

ある時、作者の荘周は、自分が蝶になった夢を見た。心ゆくままに空を飛び回り、自分が荘周であることに気づかなかった。

と、ふと目が覚めた。そして、自分が実は荘周であったことに気がついた。ところが彼はふと思う。はて、荘周が蝶の夢を見ていたのだろうか、それとも、実は今、蝶が荘周の夢を見ているのだろうか――。

デカルトも似たようなことを考えましたが、彼はまた、自分はもしかしたら悪魔か何かに、自分がデカルトだと信じ込まされているだけなんじゃないかともいいました。

こうした考えは、映画『マトリックス』などいろんなSF作品のモチーフにもなってきたものなので、みなさんにもなんとなくなじみがあるかもしれません（ちなみに『マトリックス』は、機械とのたたかいに敗れた人間が、機械が生きつづける養分として、ずっと仮想現実の夢を見させられながら栽培されている、という設定の映画です。そして人間たちは、この仮想現実「マトリックス」を、本当の世界だと信じ込んでいる……）。

さて、そういわれてみると、たしかにわたしたちは、今自分が生きているこの現実が、実は夢かもしれないと疑うことができます。

いや、もちろんほんとは疑ってはいないのですけど、でも論理的には、疑おうと思えば疑えてしまうわけです。わたしたちは原理的にいって、今見ている世界がものすごくリアルな夢ではないということを、証明することはできないのです。

いかにも哲学的なことをいろいろいいましたが、以上のようなわけで、哲学は、「唯一の正解」とか「絶対の真理」とかいったものは、けっして（わから）ないのだといってきました。

そしてそれは、数学や物理学や、自分は男か女かとかいった問題でもおんなじです。

本当の本当は、万有引力の法則なんてないのかもしれません。物は地面に落ちるけど、もしかしたら、みんながみんな、そんな夢を見ているだけかもしれないのです。あるいは宇宙人が見れば、物はつねに止まっていたりするかもしれません。

第1章で「問い方のマジック」についてお話しした時、「1＋1＝2と、1＋1＝3、どちらが正しいか?」という問いであれば、一応「正解」があるけれど……というようなことをいいました。でも厳密にいうと、この問いでさえ、「絶対の正解」があるわけではないのです。

そんなのへ理屈だと思うかもしれません。いやたしかにそうです。でも論理的には、つきつめればそういえてしまうのです。わたし（たち）に見えている世界が、絶対に正しい世界のあり方というわけではないのです。

さて、でも哲学は、「唯一絶対の正解」なんてない、なんてことを、ただいってきたわけではありません。

哲学者たちは、もっともっと深いことを考えてきました（以下は、具体的には、デカルト、カント、フッサールといった哲学者たちがいってきたことを、かなり簡単にいい直したものです。もし興味が出れば、彼らについてもチェックしてみてください)。

たしかに、「絶対の真理」みたいなものはないでしょう。空の青だって、絶対にこの色なのかどうか、ほんとのところはだれにもわかりません。

でも、そうはいっても、わたしにはこの空の「青」が、こういう色に見えてしまっている。それはどうしようもない事実です。ほんとにこの青なのかどうかはわからないけど、でもわたしには、この青に見えてしまっている。

それはまさに、「唯一絶対の正解」じゃなくて、わたしにとっての「正解」です。そして実は、どんなことについても、「唯一絶対の正解」があるのじゃなくて、「わたしにとっての正解」があるだけなのです。

だって、繰り返しますが、ほかの人にどう見えているかなんて、わたしにはけっしてわからないのですから。

ただし、空の青の場合だと、このわたしにとっての「正解」が、ほかの人にとっての「正解」ととりあえずほぼ一致しているように思えます。

数学とか物理学とか、わたしは男なのか女なのか、とかいった問題についても、まあだいたいの場合、わたしにとっての「正解」はほかの人にとっての「正解」と一致します。

とりあえず「1＋1＝2」だとみんな思っているし、物体落下の法則もみんな認めてる。わたしは男ですが、それもだいたいみんな認めてくれていいます（ただし、数学も物理学も、非常に高度な次元になると、学者の間でもなかなか意見が一致しないことが多くなります）。

こんなわけで、わたしにとっての「正解」とほかの人にとっての「正解」がものすごく一致する場合、わたしたちはひとまずそれを、「正解」とか「真理」とか呼んでいるのです（でも、それが唯一絶対の「正解」「真理」ではないんだということは、もうおわかりですよね？）。

でもその一方で、わたしにとっての「正解」とほかの人にとっての「正解」が、なかなか一致しない場合もあるのです。

本書のテーマ、「なんで勉強なんかしなきゃいけないの？」といった問題が、まさにそれにあたります。

あるいは、これって「よい」ことなんだろうかとか、これって「美しい」んだろうかとかいった、価値の問題もそうです。

同じ先生を見ても、それを「よい」先生と思う人もいれば思わない人もいます。同じ音楽を聞いても、「美しい」と思う人と思わない人がいます。まさに価値観はさまざまで、「絶対の正解」なんてありません。

こうしてわたしたちは、わたしにとっての「正解」と、ほかの人にとっての「正解」が、一致しやすい領域と一致しにくい領域を生きています。

でもいずれにせよ、わたしたちはこういうべきなのです。

「唯一の正解」とか、「絶対の真理」とかいったものはない。あるのは自分にとっての「正解」だけなのだ、と。


でも、ここがさらに大事なポイントですが、だからといって、わたしたちはいつだって、自分にとっての「正解」だけで満足していればいいというわけではありません。

時にわたしたちには、お互いに納得し合わなければならないことがあるからです。自分は自分、人は人、だから大事なのは自分にとっての「正解」だけだ、なんていっていればいいというわけには、なかなかいかないものなのです。

だからこそ、本書でも何度かいってきたように、すぐれた哲学者は、つねに、「これってみんながちゃんと納得する考えになっているだろうか？」と自分に問うてきたのです。

わたしたちも、できればそうすべきだと思います。そしてわたしは、これまで、「なんで勉強なんかしなきゃいけないの？」という問いに、できるだけみんなが納得できる「答え」を出すよう努めてきました。

――もう一度いうと、それは〈自由〉になるためです。つまりできるだけ生きたいように生きられるようになるためです。〈自由〉になるためには、わたしたちは必ずなんらかの「力」を必要とします。そしてそれを、わたしたちはみずから学びとらなければなりません。

わたしたちが勉強しているのは、〈自由〉になる「力」を身につけるためなのです。

第3章

# なんで学校に行かなきゃいけないの？

第2章では、「なんで勉強なんかしなきゃいけないの？」という問いに「答え」を出しました。

でもまだ、なんとなく腑に落ちないことがある。そう思った人はいないでしょうか？

たしかに、勉強するのは〈自由〉になる力を手に入れるためだ、というのはなんとなくわかる。でも、なんでその勉強を、わざわざ「学校」でやらなきゃいけないの？

結局わたしたちは、将来役に立つかどうかもわからないような勉強を、学校で無理やりやらされる。だから、それが〈自由〉になる力を手に入れるためだなんていわれても、そんなふうにはどうしても思えない……。

そう思った人も、きっといることと思います。

それだけじゃありません。

学校を舞台に、わたしたちはしょっちゅうさまざまな問題に行きあたります。人間関係のいざこざに悩んだり、試験や受験勉強に苦しまされたりする。時には、いじめや体罰といった、耐えがたいほどの苦しい経験をすることもある。

なんでこんなつらい思いまでして、学校に行く必要があるんだろう？

これまでの学校生活の中で、みなさんもきっと、一度や二度はそう思ったことがあるんじゃないでしょうか？

そこで本章では、この問いに答えていくことにしたいと思います。

「なんで学校に行かなきゃいけないの？」

# 1 なんで勉強を強制されるの？

## 二つの〝正論〟

まず、次の問いについて考えてみたいと思います。

そもそも勉強って、あれをやれ、これをやれと、その内容を事細かに決められ、強制されてやるべきものなんでしょうか？

もっとも、「なんで〝こんなこと〟をやらなきゃいけないの？」と日ごろ疑問をもっていたとしても、さすがにみなさんも、読み書き算くらいは学んでおいたほうがいいし、社会のルールなんかも、やっぱりある程度は学んでおいたほうがいいと思っているはずです。だから、「なんで〝こんなこと〟をやらなきゃいけないの？」と感じるのは、「これって何の役に立つの?」と疑問をもつものに対してだろうと思います。

古文をやれ、漢文をやれ、古代ギリシャやローマの歴史をやれ、元素記号を覚えろ、微分積分をやれ(以下延々つづく)と、わたしたちは、将来役に立つかどうかもわからないことを、毎日何時間も勉強させられます。

多感な青春時代のこのたいせつな時期に、いったいどういういわれで、わたしたちは〝こんなこと〟をやらされなきゃいけないのでしょうか?

まずは、世間でよくいわれる、ちょっと説教くさい〝正論〟を見てみましょう。

世間では、勉強が強制される理由について、だいたい次の二つくらいのことがいわれるんじゃないかと思います。

まず、学校で学ぶ内容は、そのほとんどが、社会(つまりわたしたちみんな)にとっては、だれかにマスターしてもらわなければ困るようなものだ、というものです。

たとえば、多くの高校生が「微積分なんて何の役に立つんだ」と思っていますが、これがなければ、わたしたちの科学技術文明はまったく成り立ちません。橋をかけるのにも、人工衛星を打ち上げるのにも微積分は必要です。

つまり、だれかが微積分をマスターしてくれないと、わたしたちの社会はとうてい成り立っていかないわけです。

だから説教くさい話をすれば、学校は、わたしたちの社会生活を成り立たせるために必要なことを、子どもたち・若者たちに無理やり学ばせるところなんだということができます。

でも、そこで次の疑問もわいてきます。

だからって、「なんで〝このわたし〟が〝そんなこと〟をやらなきゃいけないの？」という疑問です。

社会にとって微積分が必要だというなら、それが得意な人だけがやればいい。古文だって、それが好きで職業に活かせる人だけがやればいい。英語でさえ、自分は一生使わない、という人は、別に今ほど勉強させられなくたっていいかもしれない。そんなふうに思う人も、多いんじゃないかと思います。

そこで二つめの〝正論〟はこういいます。

「長い人生、いつ学校での勉強が必要になるかはわからないのだ」と。

たとえば、「自分はパン屋になりたいから英語なんて必要ない」と思っていても、ある時どうしても海外から輸入したいパンが見つかって、英語で交渉しなければならない時がくるかもしれません。「自分は哲学をやるんだから微積分なんて必要ない」と思っていても、その一〇年後、これからの哲学を進めるためにはどうしても経済学が必要だということに思い至り、経済学を学ぶために微積分が必要に……なんてことも、あるかもしれません（何を隠そう、これはわたしの話です）。

と、こんなふうに、「なんで学校で〝こんなこと〟を勉強しなきゃいけないの？」という問いには、説教くさい答えとしては、「社会にとって必要だから」というのと、「いつか必要になることもあるかもしれないから」というのがあげられるわけです。


が、ここでみなさん、ちゃんとピンときてくれたでしょうか？

たしかにこれは〝正論〟です。でも、これが唯一絶対の正解というわけではありりません。もしみなさんが納得できるなら、みなさん自身の勉強する意味の一つに加えておけばいいのです。

とはいうものの、一応正論は正論です。ちゃんと筋が通っているから、まあある程度受け入れておいて損はないだろうとわたしは思います。

## ◯やっぱり勉強なんて役に立たない？

でも、いくら「社会にとって必要だから」とか、「いつか必要になることもあるかもしれないから」とかいわれても、やっぱり「なんで〝こんなこと〟を強制的に勉強させられなきゃいけないんだ」という疑問は、完全には晴れないんじゃないかと思います。

というのも、結局〝こんなこと〟やっても将来役に立たないんじゃないかという疑問を、わたしたちはどうしてもぬぐえないからです。

それはほんとにその通り。実際、受験勉強で得た知識なんて、大学に入ればまず大半は忘れてしまうし、社会に出ればその多くはほとんど使うこともありません。

ただし誤解のないようにいっておきたいと思いますが、たしかに学校で学んだ知識は、全部が全部まるまる役に立つわけではありません。でも**社会で必要な知識の大半を、わたしたちは実は学校で学んでいる**のだということも、忘れてはならないことなのです。

わたしたちはよく、学校で学んだことなんて何の役にも立たない、などといってしまいます。でもこれは明らかに、「一般化のワナ」にはまった見方です。「役に立たない知識がある」という経験を、「何もかも役に立たない」と大げさにして、一般化してしまうのです。

でもちょっと考えればすぐわかります。みなさんは、学校に行かずにそもそも本書を読めるようになっていたでしょうか？　読み書きの能力だけではありません。今では、多くの仕事がなんらかの専門的な知識・技能を必要としています。そうした知識・技能の多くは、やはり学校でこそ獲得できるものなのです。

エンジニアになりたいのなら数学の、小説家になりたいのなら文章表現の、世界で活躍するビジネスマンになりたいのなら世界の地理や歴史の知識・教養などが必要です。そしてそうした知識・技能・教養を、わたしたちは結局のところ、学校のおかげで手に入れられているのです。

## ○学力＝とどのつまりは「学ぶ力」

とはいうものの、やっぱりあれもこれも全部強制されるのは、どうも割に合わないというか、非合理的な気がします。だって、あれもこれも勉強しても、結局多くは忘れてしまうし、社会生活でもそんなに必要にはならないんだから。

ということで、改めて、なんで〝こんなこと〟を強制的に勉強させられなければならないのか、という問いを考えてみることにしましょう。

わたしの考えはこうです。

まさにおっしゃる通り。あれもこれも、〝こんなこと〟を大量に強制的に勉強させるなんて、やっぱり非合理的なのです。

知識をどれだけいっぱいため込んだところで、その全部が役に立つわけではないし、第一、多くの人はそのかなりの部分を結局忘れてしまいます。だからわたしの考えでは、学校は本来、すぐ忘れてしまうような細かい知識を大量につめ込むんじゃなくて、どうすれば「学ぶ力」を最大限はぐくむことができるかと考えるべきなのです。

そう、**学力とは、とどのつまりは「学ぶ力」のこと**なのです。

みなさんがいつか出ていく実社会や職業の世界は、多くの場合、知らないことだらけ、学ばなければならないことだらけです。わたしたちはさまざまな場面で、さまざまなことをみずから学んでいかなければなりません。

だから、知らないこと、わからないことがあれば、それをそこでちゃんと「学ぶ力」があるということ、このことこそが重要なのです。細かな知識をため込むより（もちろんそれも一定たいせつではありますが）、この「学ぶ力」をどれだけ自分のものにできているか、ということのほうが、はるかに重要なことなのです。

自分の直面した問題をどうすれば解決できるか考え、そのために必要なことを「学ぶ力」。これが学力の本質です。やがて忘れてしまうような知識の量は、学力の一部ではあっても本質ではないのです。

## ○探究型の学び

じゃあ、学校での勉強は本来どうあるべきなんでしょう？

まず第一に、覚えるべき知識の量は、今よりもっともっと少なくていい。わたしはそう考えています。とりわけ高校にかんしては。より正確には、大学入試にかんしては、というべきかもしれませんが。

「学力」競争をすると、どうしても、「どれだけ覚えたか」がわかりやすい指標になってしまいます。たくさん覚えられた人ほど、学力が高いとされるのです。

でも、「どれだけ覚えたか」が、必ずしも本来の学力、つまり「学ぶ力」そのものを表しているとはかぎりません。だからよくいわれるんですね。「受験学力と地アタマは違う」とか、「記憶力と問題解決能力はまた別もの」とかいったことが。そしてその指摘は、一定の妥当性をもっています。

だから学校での勉強は本来どうあるべきかということにかんしては、第二に、細かな知識ばかりを覚えさせるんじゃなくて、みずから「学ぶ力」をはぐくむようなものにしていく必要がある、ということになります。

その具体的な方法は、実は教育学やさまざまな先進的な取り組みが、これまでにたくさん用意してきました。

その基本が、**「探究型」「プロジェクト型」**とよばれる学びのスタイルです。

授業を受け身で聞いて知識をため込んでいくのではなく、みずから課題を設定し、その課題をクリアするために、時に教科の枠を超えて、また時に仲間と共に、みずから探究していく学びの方法です。

いうまでもなく、これはすでに「総合的な学習の時間」として取り入れられていることです（「総合」の内容って学校によって千差万別ですが、本来はこういう探究型の学びが求められているんです！）。

でも、まだまだ十分じゃありません。本来、こうした探究型・プロジェクト型の授業が学びの中心になっていくべきだとわたしは考えていますが、多くの学校はまだまだそれにはほど遠い。「総合」だって、始まってもう十余年ですが、いまだに「おまけ」みたいな扱いがされている学校もけっこうあります（もちろん、それにはそれぞれの学校の事情があるのでしょうけれど)。

しかしいずれにせよ、わたしは、学力の本質が「学ぶ力」である以上、学校での学びは、もっともっと探究型・プロジェクト型になっていく必要があると考えています。繰り返しますが、わたしたちが生きていくうえで必要な「学力」の本質は、やがては忘れてしまうような細かな知識をため込むことじゃなくて、その時々の状況において必要なことを、みずから「学ぶ力」にこそあるのですから。

というわけで、「なんで勉強を強制されるの?」という問いに対して、わたしは次のように答えたいと思います。

もちろん、ある程度は必ずやっておかないといけない勉強というのはあります。でも、なんでもかんでも強制されるというのは、たしかにおかしい。むしろ学校の任務は、あれも勉強しろ、これも勉強しろと事細かに勉強を押しつけることじゃなくて、最も根本的には、生徒たちが〈自由〉になるための、つまり自分なりの「生きたいように生きたい」を叶えられるようになるための、「学ぶ力」をはぐくむことにあるのだと。

だからこそ学校は、もっともっと探究型・プロジェクト型の学びを中心にしていったほうがいい。わたしはそう考えています。

## ◯「学び」のこれから

そして、それは今後少しずつ可能になっていくんじゃないかと、わたしはひそかに思っています。

よく、大学入試が変わらなければ教育は何も変わらないといわれますが、実はその大学入試も、今ではけっこう多様化しているからです。

これまでのように、たくさんの細かな知識を問う大学だけでなく、自分の考えをしっかり書かせたり、教科横断的な問題を出したりする大学もけっこうあります。こうした流れを見ていると、探究型・プロジェクト型の学びに対応したものが増えていくんじゃないかと、やや楽観的すぎるかもしれませんがわたしは考えています。いやむしろ、わたし自身そうした方向に向けて尽力していきたいと思っています。

ちなみに、〝学力世界一〟と話題のフィンランドの教育ですが、その学びのあり方の基本は、まさに右に述べた探究型（そして後で述べる協同型）です。
その大学入学資格試験「国語」の問題には、たとえば次のようなものがあります。

◎世界的に、ゆったり、のんびりの「スローライフ」が流行っている。なぜこのようなトレンドが広がっているのか？

◎フィンランドには現在よりも強い大統領が必要か、または大統領制自体を捨てるべきか？

◎携帯電話から花瓶までデザイングッズがあふれている。日常におけるデザインの意義を述べなさい。

◎二〇三〇年にわれわれが食するものは何か？

わたしは別に、フィンランドの教育こそがすばらしくて、日本の教育はダメだなんていいたいわけではまったくありません。フィンランドの教育にだって問題はたくさんあるし、日本の教育にも、いいところはたくさんあります（実際、今では世界中の教育関係者が「フィンランド詣で」に出かけていますが、かつては世界が、こぞって「日本詣で」をしていたのです。そして今でも、日本の教育は、たとえば教員同士のすぐれたチームワークなど、さまざまな点が世界中のお手本になっています）。

さらにここで強調しておくべきは、この探究型・プロジェクト型の学びこそが、唯一絶対の正しい学びのあり方ではないということです。

もういうまでもありませんね？　探究型・プロジェクト型こそが正解だなんて、「一般化のワナ」には陥らないよう気をつけましょう。それはとてもいい学びの方法ではありますが、絶対に正しい方法というわけではありません。**学びの方法は、時と場合と人に応じていろいろ**です。

しかしともあれ、役に立つのかわからない、なんでやらされるのかわからない勉強を強制されるより、自分の関心にできるだけそって、みずから課題を設定しそれをクリアしていくという学びのスタイルを中心にしたほうが、「強制されている」という感じは、少なくとも今よりはずいぶんなくなるんじゃないかと思います。とすれば、自分なりの勉強する意味もまた、きっと今より見つけやすくなるはずです。

ところで、第2章でわたしは、絶対の正解や絶対に正しい生き方があるんじゃなくて、自分なりの正解とか、自分なりの生き方を見つけようという話をしました。そして、でもそれって、けっこうしんどいことだともいいました。

自分はどうやって生きていけば幸せなんだろう。自分は何をめざせばいいんだろう。そうしたことを、四六時中考え、悩んでいなければならないからです。

じゃあ、「自分なりの正解」「自分なりの生き方」って、どうやったら見つけられるんだろう？

その一つの答えが、この探究型の学びなんじゃないかとわたしは思います。

なんでやらされなきゃいけないのかよくわからない勉強を、ただ受け身にやるんじゃなくて、幼いころから、自分のちょっとした問題意識をきっかけに学びを進めていくという習慣が身についていたなら、「自分なりの生き方ってこんな感じかなぁ」といったことが、おぼろげながらにつかめるようになるんじゃないかと思います。少なくとも、その可能性は高まるでしょう。

「自分なりの正解」「自分なりの生き方」は、受け身に待っていてやってくるようなものではなかなかありません。日常生活で行きあたった問題に、みずから立ち向かう経験を通してこそ、つかみ取られていくものなのです。

その意味でも、学校は、受け身の学びより探究型・プロジェクト型の学びをできるだけ中心にやっていったほうがいい。そしてそのことで、子どもたち若者たちが、「この学びによって自分は〈自由〉になれるんだ」と、できるだけ思えるような場所にしていったほうがいい。

わたしはそう考えています。

## 2 学校に行くのは何のため？

### ◯どうすれば〈自由〉になれる？

さて、これで、「なんで勉強なんかしなきゃいけないの？」という問いには、ひとまずちゃんと「答え」を出せたと思います。

でもまだ問題が残っています。

「なんでわざわざ学校に行かなきゃいけないの？」

本章の冒頭でもいったように、これが本章のメインテーマです。

〈自由〉になるための勉強が必要だというなら、別に家ですればいいじゃないか。

そう思う人も、中にはいるかもしれません。

それにさっきもいったように、わたしたちは学校で、本当にさまざまな問題に行きあたります。空気を読み合う人間関係、いじめ、体罰……。

そんな思いまでして、わたしたちはなんで学校に行かなきゃいけないんだろう？

以下、この問いに「答え」を出していくことにしたいと思います。

この問いに答えるにあたって、まず最初に考えるべきこと、それは、第2章でも述べた、だれだって〈自由〉に生きたいと望んでる、ということです。

自由、自由としつこいですが、これは何のために学校があるのかを考える時の、とにかく一番たいせつな出発点なのです。というのも、もしも学校がなかったら、わたしたちはきっと、十分〈自由〉になることなんてできないはずだからです。

わたしたちは〈自由〉になるために、いったいどんな力をはぐくむ必要があるでしょう？

まず、読み書き算などの基礎的な力は、前の章でもいったように必要になってくるでしょう。より生きたいように生きられるようになるためには、人から求められる、なんらかの専門的な知識や技能も必要になってくるでしょう。

学校とは、まさにこうしたさまざまな知識や技能を、ある程度順序立てて、できるだけ効率よく学んでいく場所です。少なくともそういう場所としてつくられているべきです（この点、さっきもいったように、まだまだ改良の余地があるとわたしは思います。どのように改良していけばいいかは、これからの章でもっとお話しします）。

さて、でも実は、それだけでは全然十分じゃないのです。

だれだって、〈自由〉になりたい。生きたいように生きたいと思う。それはどうしたってしかたのないことです。でも、もしもだれもが、「自分は自由なんだ！　何をやるのも勝手なんだ！」と主張したとしたらどうでしょう？

きっといろんなところで、対立や争いが起こってしまうことでしょう。ひどい場合には、命の奪い合いにさえなるかもしれません。

自分は自由だ、だから欲しいものは人から奪ってでも手に入れるのだ！　社会にそんな人ばかりがあふれていたら、わたしたちが平和に暮らしていくことなんてとてもできません。

## ○〈自由〉をめぐる戦争の歴史

実をいうと、わたしたち人類の歴史は、この、「自分は自由だ！　自由になりたいんだ！」という欲望同士が争い合う、戦争の歴史でした。

人類は、実になんと一万年以上もの間、絶えることなくひたすら戦争をつづけてきたのです。

というわけで、ほんのちょっとだけ人類史のおさらいです（すごく簡単なおさらいなので、どうかついてきてください）。

約一万年前、人類は、それまでの狩猟採集生活から、定住・農耕の生活へと徐々に移行していきました。それは、その日暮らしの不安定な生活から、村をつくり農作物を育てる、それまでより少しは安定した生活へと移っていくことでした。

「農業革命」とか、「定住革命」とかいわれています。

でもそれはまた、実は長い戦争の歴史の始まりでもあったのです。

農作物は、いつでも豊作というわけじゃありません。村は時折、ひどい飢えに苦しんだりします。

そんな時、隣村に十分な食べ物があったとしたらどうでしょう？　豊かに耕された、田畑があったとしたらどうでしょう？

戦争は、こうして始まったのです。

定住・農耕・蓄財ということを知って以来、つまり食べ物などをためることができるようになって以来、わたしたち人類は、いつ果てるともしれない物と命の奪い合いを、繰り返しつづけることになったのです。

もっと豊かな田畑、もっと広大な領地を求めて、人びとは戦争に明け暮れました。そしてこの戦争は、多くの場合、その地域の最強者が平定するまで、やむことなくずっとつづきました。

最強者がその地域に「帝国」をつくってはじめて、戦争はようやく、少しの間おさまることになったのです。古代エジプト王朝、中国の秦王朝、ローマ帝国などを思い浮かべてもらえばいいでしょう。

けれどこれらの帝国もまた、いずれは次の新たな帝国に討ち滅ぼされていくことになる……。

はげしい命の奪い合いと、強国による支配、そしてまた、悲惨な命の奪い合い。人類の歴史には、平和な時代なんてほとんどありませんでした。一七世紀イングランドの哲学者、ホッブズ[＊3]という人は、これを「万人《ばんにん》の万人に対するたたかい」と呼びました。人は放っておくと、どうしても互いに争い合ってしまうものなのです。

こうしてきわめて長い間、わたしたち人類は、この戦争をどうすれば終わらせることができるのか、その方法を見いだすことができずにいたのです。

## ○戦争がなくならない理由

さて、ところが今から二百数十年前、人類の長い長い歴史からすればほんのちょっと前のこと、人類はついに、こうした争いをできるだけなくしていくための考え方を発見しました。

発見したのは、ヨーロッパの哲学者たちです。とりわけ、ルソー[＊4]やヘーゲル[＊5]といった人たちが、それぞれ前の時代からその考え方を引き継いで、これを少しずつ発展させていきました。

それは次のような「考え方」でした。

なぜ人間は戦争をやめることができないのか？

彼らはこう考えました。

「それは、人間がそもそも〈自由〉になりたいという欲望をもっているからだ」

本書でずっと主張してきたことです。

なぜ、〈自由〉になりたいという欲望が、いつまでも終わらない戦争の理由なんでしょう？


［＊3］ホッブズ（Thomas Hobbes, 1588-1679）：イングランドの哲学者。主著『リヴァイアサン』において、人間は放っておいたら「万人の万人に対するたたかい」を繰り広げてしまう、だからみんなの合意のもとに強力な支配者をいただいて、このたたかいを終わらせ国を統治してもらおうと主張しました。

［＊4］ルソー（Jean-Jacques Rousseau, 1712-1778）：スイスのジュネーヴに生まれ、フランスで活躍した思想家、文学者。教育論の本として、『エミール』が有名。同時期に書かれた『社会契約論』は、民主主義の宣言の書として、フランス革命に大きな影響を与えました。

［＊5］ヘーゲル（G. W. F. Hegel, 1770-1831）：ドイツの哲学者。教育を直接のテーマにした著作はありませんが（講演などを集めた『ヘーゲル教育論集』〔上妻精訳、国文社、一九八八年〕はある）、主著『法の哲学』などでは、教育の本質についても論じられています。

こんなふうに考えてみると、わかりやすいかと思います。

たとえば動物同士の争いの場合だと、勝敗がついてボスが決まれば、それで戦いは終わります。

けれど歴史上、人間は多くの場合、負けて奴隷にされて〈自由〉を奪われるくらいなら、たとえ死ぬことがあったとしても、征服者にたたかいを挑むことを選んできたのです。

人はどうしても、生きたいように生きたいと思ってしまう。支配され隷属させられ、人間としての〈自由〉を奪われてしまうことに、わたしたちは耐えることができないのです。

奴隷の反乱の例は、歴史上数え切れないくらいあります。植民地支配を受けた国々も、多くの場合、抵抗運動を繰り広げました。現代でもわたしたちは、自由を求める人びとの戦いを、アフリカやアラブ諸国などで目にしつづけています。

要するに、わたしたち人間は、生きたいように生きたいという欲望、つまり〈自由〉への欲望をもってしまっているからこそ、この〈自由〉を求めて、悲惨な命の奪い合いを繰り返しつづけてきたのです。

もちろん、戦争の理由は時と場合によってさまざまにあるでしょう。食料や財産を奪うためだったり、プライドのためだったり、憎しみのためだったり。でも、これらすべてに〈自由〉への欲望が横たわっています。「生きたいように生きたい」からこそ、富を奪い、プライドを守り、憎しみを晴らしたいと思うのです。そして、富を奪われたら奪い返したいと思い、プライドを傷つけられたら傷つけ返したいと思い、憎しみはまた新たな憎しみを生んでいく……。

すべて、「生きたいように生きたい」という〈自由〉への欲望のあらわれです。

こうして、だれもが自分の〈自由〉を主張し合うからこそ、人類はこれほどにも長い間、どうしても戦争をなくすことができなかったのです。

## ◯〈自由の相互承認〉の原理

そこで哲学者たちは考えました。

わたしたち人間は、どうしても〈自由〉への欲望を捨てられない。だれもが必ず、生きたいように生きたいと思ってしまう。

だとするならば、どうすればこの欲望のせめぎ合いをできるだけ軽くしてたたかいを終わらせ、そしてみんなが〈自由〉に生きることができるだろうか？

その考え方は、一つしかない。

それは、**お互いがお互いに、相手が〈自由〉な存在であることを、まずはいったん認め合う**ことだ！

これを、**〈自由の相互承認〉の原理**といいます。

この原理を最も自覚的に強調したのは、さっきも名前をあげた、一八～一九世紀ドイツの哲学者ヘーゲルです。

ヘーゲルはこういいました。

わたしたちは、自分が自由になりたいのであれば、これをただ素朴に主張し合うのではなく、相手の自由もまた承認する必要がある。相手もまた、自分と同じように自由に生きたいと望んでいるのだということを、まずは認める必要がある。そしてそのうえで、争い合うんじゃなくて、争いにならないよう調整し合うのだ。

これが、長いたたかいの歴史を通してわたしたちがついにつかんだ、みんなが〈自由〉になるための最も根本的な考え方だったのです。

「はじめに」でわたしは、哲学的な「考え方」というのは、実はとてもシンプルなものだといいました。

哲学は、さまざまな困難な問題を、こう考えれば最もうまく解き明かせるんじゃないかという、その「考え方」を提示するものです。そしてそれは、できるだけシンプルである必要がある。そうじゃないと、だれも理解できないし、使いこなすこともできないからです。

〈自由の相互承認〉という考え方は、とてもシンプルな考えだと思います。わたしたちは、自分が〈自由〉に生きたいのであれば、「自分は自由だ、自由だ！」とただ主張して争い合うんじゃなくて、他者の〈自由〉もまた認める必要がある。そしてそのうえで、お互いの主張を調整し合う必要がある。

ものすごくシンプルです。

でもこの考え方にたどり着くまでに、わたしたち人類は、実に一万年もの歴史を費やしたのです。

〈自由〉になるための最大の条件、それは、さまざまな知識や技能を身につけるだけでなく、**〈自由の相互承認〉の原理をちゃんと理解し、その〝感度〟を身につける**ことにあるのです。〝感度〟を身につけるとは、つまり、頭だけじゃなくいわば感性に刻み込むということです。

わたしたちは、みずからが〈自由〉に生きるためにこそ、他者もまた〈自由〉な存在なんだということを、頭と体で理解できるようになる必要があるのです。〈自由〉を求める悲惨な争いに、わたしたちがふたたび陥ってしまわないために。

さて、ここまできて、わたしたちはようやく、「なんで学校に行かなければならないのか」という問いに答えられるようになります。

わたしたちは、自分が〈自由〉に生きたいのであれば、他者の〈自由〉もまた、認めることができなくてはならない。

ということは、わたしたちはこの社会を、この〈自由の相互承認〉の原理にもとづいてつくっていく必要があるということです。そうでなければ、わたしたちはまたふたたび、お互いに命をかけて自由を主張し合う、はげしい争いの世界に舞い戻ってしまうでしょう。

もちろん、この〈自由の相互承認〉にもとづいた社会を完ぺきに実現するのは、ものすごくむずかしいことです。実際、この考え方が哲学者たちによって見いだされて以来二〇〇年がたってなお、人類はいまだに、あちこちで悲惨な殺し合いをつづけています。

でも、それでもなお、わたしたちがみんなできるだけ生きたいように生きていけるようになるためには、この〈自由の相互承認〉という考え方を共有するほかないはずなのです。

繰り返しますが、これが、一万年の歴史を経てわたしたちがついにつかんだ、人類共存のための社会の根本的なあり方なのです。

## ○〝感度〟をはぐくむ

じゃあこの考えを、私たちはどうすればできるだけ現実のものにしていくことができるでしょうか?

最も重要な最初のステップは、〝法(ルール)〟をつくることです。

すべての人がみんな〈自由〉な存在なんだということを、まずは保障するのが〝法(ルール)〟なのです。

わたしたちは今、生存・思想・良心・言論・職業選択の自由など、基本的自由権といわれるものをもっています。まさにわたしたちは、一人ひとりみんなが〈自由〉な存在だということを、法によって承認されているわけです。

でも、残念ながらそれだけでは十分ではありません。どれだけ法ですべての人が〈自由〉であるといったって、わたしたちが実際に〈自由〉になるための力をもっていなければ、結局〈自由〉に生きることなんてできないからです。

何度かいってきたように、〈自由〉になるためには、読み書き算の力をはじめ、さまざまな知識・技能が必要です。

でも、必要なのはそれだけじゃない。

さっきいったように、〈自由〉になるために、わたしたちは〈自由の相互承認〉の原理を理解していなければならないのです。その〝感度〟を、身につけていなければならないのです。そうじゃないと、わたしたちはただ自分の〈自由〉を主張し合うだけで、社会から悲惨な争いがなくなることはないだろうから。

そしてそうした争いは、結局かえって、わたしたちの〈自由〉を奪ってしまうことになるでしょう。

だからこそ、わたしたちには学校というところが必要なのです。それは、**すべての子どもたちが〈自由〉になれるよう、さまざまな知識・技能をはぐくみ、**そしてまた、**〈自由の相互承認〉の〝感度〟をはぐくむ**ための場所なのです。

法がどれだけ生命の自由や言論の自由、また職業選択の自由なんかを保障していても、わたしたち自身に、みずから生きる力、言葉を交わす力、職業につく力などがなければ、それは絵に描いた餅にすぎません。

そしてまた、〈自由の相互承認〉の感度がはぐくまれていなければ、わたしたちは自分のわがままを押し通し、他人の自由を踏みにじり、そのことで争いになって、かえって自由を奪われることにもなりかねません。

だからこそ、学校は、そうした〈自由〉になるための力を、すべての子どもたちに保障するために存在しているのです。

みなさんはきっと、どれだけ肌の色が違っていても、言葉や文化が違っていても、あるいは障害をもっていても、だれもが同じ人間だ、という感度を、何はともあれもっているんじゃないでしょうか？

これはまさに、〈自由の相互承認〉の感度です。

そしてなんだかんだで、この感度は、学校がなければはぐくまれなかったはずのものなのです。

公教育（学校制度）というものが本格的に発明されたのは、まだわずか二〇〇年前のことです。日本で曲がりなりにも整備されたのは、明治五（一八七二）年、つまり今から約一五〇年前のことです（学制発令）。

その前の時代、わたしたちの社会は、身分制の社会でした。この身分社会では、人びとは時として、身分が違えば相手を同じ人間だと思うことさえありませんでした。生まれによる差別はあたりまえだったし、武士には、無礼をはたらいた農民などに対する「斬り捨て御免」などという特権さえありました。

それが今、私たちは曲がりなりにも、「だれもがみんな同じ人間だ」と思うことができている。もちろん残念ながら、差別はまだまだいろんなところに残っています。でも、わたしたちは少なくとも、生まれや育ちが違うからといって人を差別することが、おかしなことだという感度はもっているはずです。

それは、わたしたちが共に平和に生きていくために、とても重要な感度です。そしてなんだかんだで、それはやっぱり学校教育のおかげなのです。

かつて、貴族の子は貴族の子として育てられました。武士の子は武士の子、農民の子は農民の子として育てられました。お互いの間に、対等な人間同士としての交流はほとんどありませんでした。当然、だれもが同じ人間同士だという感度は、生まれるはずもありませんでした。

それが今では、お金持ちだろうが貧しかろうが、親がどんな仕事をしていようが、わたしたちはたいてい、学校という場で生活を共にします。この生活を通して、わたしたちは自然と、どんな子もみんな同じ人間なんだという、そんな感度をはぐくんでいくのです。

「なんで学校に行かなきゃいけないの？」

こうしてわたしたちは、この問いに次のように答えることができます。

それは、わたしたちが〈自由〉になるための力をはぐくむためです。

じゃあ、その「力」ってなんだろう？

読み書き算をはじめとする、さまざまな知識・技能がその一つです。でもそれだけじゃない。

わたしたちが〈自由〉になるための最大の条件。それは、**〈自由の相互承認〉の感度**を身につけているということなのです。学校は、この感度をはぐくむためにこそ存在しているのです。

# 3　学校に必要なこと

## ●がんばってきた日本の学校

さて、じゃあ今の学校は、この〈自由の相互承認〉の感度をはぐくむ場所として、ちゃんと機能しているといえるでしょうか？

本章の残りの部分では、この問いについても少し考えてみたいと思います。

みなさんはどう思いますか？

わたしは、いろいろ問題はあったとしても、日本の学校は世界的に見て、かなりがんばってきたほうだと思います。

〈自由の相互承認〉の土台としてまず重要なのは、さっきもいったように、どんな家に生まれようが、どんな地域に生まれようが、だれもがみんな同じ学校という場を共有できるということです。つまり、生まれや地域によって、受けられる教育にひどい差があってはならないのです。

これを、「教育の機会均等」といいます。みなさんも聞いたことがあると思います。〈自由の相互承認〉の原理にもとづくかぎり、お金持ちの子しかいい教育を受けられないとか、過疎地域では満足な教育を受けられないとか、そういうことがあってはならない。そうじゃないと、「どうせあいつらは金持ちだから」とか、「あいつらは貧しいから」「あいつらは田舎者だから」とかいう思いが育って、〈自由の相互承認〉の感度をはぐくむことは困難になってしまうでしょう。

そしてこの点、日本の教育は戦後かなりがんばりました。

いうまでもなく、日本の義務教育は無償です。どんな貧しい家の子だって、みんなと同じ学校に通うことができる。どんな過疎地域の学校にも、できるだけ十分な設備が保障され、先生がちゃんといる。

法律で、ちゃんとそう決まっているのです。

だから、「教育の機会均等」については、まだまだ十分じゃないところもあるけれど、日本の教育は世界的に見ても、かなり整っているほうだといえると思います。

## ○日本の教育は悪平等？

ところが、実は一九九〇年代以降の日本では、この「教育の機会均等」がちょっとずつ崩されてきた面があります。

日本の教育は「悪平等」だ、という話を、みなさんも聞いたことがあるでしょう。何でもかんでも平等にしてしまう日本の教育は、個性を失わせ、「できる子」を伸ばすことさえためらっている、と。

そこでこの二、三〇年、義務教育の段階からもっと競争の色を強くして、いわゆる「できる子」と「できない子」を早いうちから選別しようという考えが、少しずつ強くなってきました。そして実際に、そうした政策が行われてきた節がある。

つまり、「できる子」にはできる子のためのもっと高度な教育を与えたほうがいいんじゃないの？　そして、「できない子」にはできない子なりの教育をすればいいいんじゃないの？　そういった声が、ここしばらくかなり強い力をもってきたのです。

みなさんはこの点、どう考えるでしょうか？


わたしの考えをいうと、これはかなり乱暴な話です。

理由はいくつもあります。

まず、子どものころの「できる子」と「できない子」が、そのままずっと同じように「できる子」「できない子」であるわけでは必ずしもありません。

個人的な話で恐縮ですが、実はわたし、何を隠そう、子どものころはほんとに勉強ができない子でした。とくに算数なんか意味不明、たし算もひき算も、必死になって指を折って数えるような……そしてそのあげく答えを必ず間違えるような、そんな子どもでした。

それに、「なんでこんなこと覚えなきゃいけないんだ」と思ったが最後、どうしてもやる気が起きない子でもありました。それでもテストのためには何かとたくさん覚えなければならないから、せっぱつまって「匂い記憶術」なるものを開発しました。

匂い消しゴムを一〇種類くらい用意して、それを匂いながらいろんなことを暗記する。オレンジの消しゴムを匂いながら、「一二二一年、承久の乱」とか、ミントの匂いを嗅ぎながら、「一六〇〇年、関ヶ原の戦い」とかいう具合に。匂いには記憶を呼び覚ます効果があるから、テスト中その消しゴムを匂うと、これが不思議と思い出すのです（！）。

と、それはともあれ、そんなわけでわたしは勉強なんて大嫌いだったし、ひどく劣等感も抱いていました。塾にも通いましたが、そこは子どもたちの成績をはっきりと序列化して公表する塾で、わたしはいつも下から何番目……。友人たちからはいつも冷笑を浴びせられ、ますます勉強が嫌いになりました。イヤな思い出です。

それが今では、どういうわけか「学問」なんていう世界に生きている。いってみれば、勉強するのが仕事です。

さらにいうと、実はわたしは、二五、六歳になるまで、学問の世界で生きていこうなんて本当は考えていなかったのです。むしろ、勉強に対してはやっぱり劣等感のほうが強かった。

それがある時、ちょっとおこがましいいい方かもしれませんが、「哲学がわかったぞ！」というたしかな感覚に打たれたことがあったのです。

それは竹田青嗣という哲学者の『人間的自由の条件』という本を読んだのがきっかけで……なんて話をしていたらちょっと長くなってしまうので、この話はこのへんでやめにしておいて……。

ともかくわたしは、二〇代の半ばになって、ようやく「勉強ができるようになった」（？）のです。少なくとも個人的には、そんな実感があります。

と、もちろんわたしの経験を一般化するわけじゃないですが、ともかく、子どものころからできる子とできない子を選別するなんて、かなり乱暴な話だと思います。「できない子」がある時急激に成長する、なんてことは、ざらにある話なのです。

子どものころに選別しても、敗者復活みたいなチャンスがたくさんあればいいのですが、そこにもなかなか厄介な問題があります。というのも、子どものころに「できない子」というレッテルを貼られると、その後伸びるものも伸びなくなってしまうことが多いからです。

ただだからこそ、敗者復活というより、むしろ大人になってからも必要なことを十分に学び直せる、そんないわゆる「生涯学習」の機会は、これからもっと充実させていく必要があるでしょう。

早い段階での子どもたちの選抜が問題であるもう一つの理由は、勉強が「できる子」と「できない子」の違いに、親の学歴や年収なんかが深く関係しているという点にあります。

たとえば、一流大学を出た親をもつ子は、小さいころから習い事をしたり塾に行ったりと、いろんな教育の機会を与えられ、日常的に勉強することが多くなりやすい。だから学校では、いわゆる勉強の「できる子」にもなりやすい。

子どもの学力に親が影響を与えるのは、ある意味当然のことです。だからそのこと自体は問題じゃない。

問題は、この子どもの時点で、「できる子」と「できない子」が振り分けられてしまうことにあるのです。それはつまり、ちょっと極端にいうと、生まれによって振り分けられてしまうということです。

〈自由の相互承認〉の原理からすると、やっぱりこれは問題です。「どうせあいつらは金持ちだから」とか、「やっぱりあいつらは貧しいから」とかいった具合に、〈自由の相互承認〉の感度がつき崩されることになってしまうから。

だから学校にとって重要なことは、早いうちから選別することなんかじゃなくて、すべての子どもたちの成長を、最大限しっかりと支えることにあるはずなのです。何といっても学校は、すべての子どもたちが〈自由〉になるための力を、必ず保障するためにあるのだから。

## ○何が必要な「平等」か？

日本の教育は悪平等だといわれます。たしかに、そういう面もある。

でも、日本の教育は悪平等だから、もっともっと早いうちから競争を取り入れていくべきだ、なんていうのも、ちょっと単純すぎる話なのです。

よく、「平等がいいのか、競争がいいのか」という議論がなされます。

でも、これは典型的な「問い方のマジック」です。

どっちかが絶対に正しいわけでも、どっちかが絶対に間違っているわけでもない。重要なのは、どのような平等が必要で、そしてどのような競争や多様化があっていいのか、あるいはあるべきか、と考えることです。

そしてそう考えると、まず、「教育の機会均等」はどうしても必要になるだろうと思います。

どんな家庭に生まれても、どんな地域に生まれても、必ずみんな一定以上の教育を受けることができる、ということは、〈自由の相互承認〉の原理にもとづくかぎり、やっぱり欠いてはならないことなのです。もしここにひどい不平等があって、恵まれない環境に不満をためた人たちが増えていったとするならば、〈自由〉を求める深刻な争いが、ふたたび起こらないともかぎりません。

もう一度いいますが、〈自由の相互承認〉の原理は、わたしたちが社会で平和に共存するための、最も根本的な考え方なのです。

義務教育が終わる時点で、すべての子どもたちが一定以上の学力や〈自由の相互承認〉の感度を必ず身につけている、という、そういう意味での平等も必要でしょう。「できない子」はできないままでそれなりに生きていきな、というわけには、どうしてもいかない。すべての子どもたちに、〈自由〉になるための力を最低限必ず保障する。それが公教育（学校）の使命です。

もちろん、障害や病気などのために、みずからの〈自由〉を自分の力だけではぐくんでいくことが、どうしてもむずかしい子どもたちもいます。

その場合は、教育に加えて、社会福祉がそうした子どもたちを支える。

法、教育、そして福祉。これらがセットになって、すべての子どもたち、そしてすべての人びとが、相互承認を土台として〈自由〉に生きていけるよう、わたしたちの社会はつくられていなければならないし、またつくっていく必要があるのです。

ともあれ、学校教育の入口において、その機会を均等にするということ、そして出口において、〈自由〉のための最低限の力を必ずみんなに保障するということ。この二つの平等は、とくに義務教育段階における学校教育に、なくてはならないものなのです。

## ◯いじめ、体罰、そして教育の未来……

さて、以上をふまえたうえで、もう一度今の学校をふり返ってみましょう。

今の学校は、はたして十分、〈自由の相互承認〉の土台として機能しているといえるでしょうか？

残念ながら、わたしはまだまだ不十分だと思います。

前にいったように、学校にはいじめの問題や体罰の問題があります。クラス内で空気を読み合ったり、同調圧力があったりと、人間関係の問題も大変です。

そんな環境で、はたして〈自由の相互承認〉の感度なんて、ちゃんとはぐくまれるものなんでしょうか？

改善の余地は、十分にある。そしてその可能性も。

わたしはそう考えています。

そこで、以下ではこの問題について考えていきたいと思います。

まず次の章では、いじめの問題を中心に考えます。わたしたちは、この問題をどうすれば克服していくことができるでしょうか？

そして最後の章では、今の学校がかかえるいろんな問題を考え合わせたうえで、これからの学校をいったいどんなものにしていけばいいのか、その新しい姿を描いてみることにしたいと思います。

## コラム3 道徳教育のジレンマ

学校は、すべての子どもたちに〈自由の相互承認〉の感度をはぐくむ場所である。第3章では、とくにこのことを強調しました。

ではこの感度って、どうすればはぐくまれるものなのでしょう?

国にしろ学校関係者にしろ、大人たちは、こういう子どもたちの「内面」の話になると、多くの場合すぐに、「道徳教育を徹底しよう」と主張します。

ここでいわれる「道徳教育」とは、「正直であれ」とか「礼儀正しくあれ」とか、そういった道徳的な価値観や態度を、しっかり子どもたちに伝え、もっというと〝植えつけていこう〟とするものです。「徳目主義」と呼ばれます。

でもそうした教育って、〈相互承認〉の感度をはぐくむために、いや、もっと単純に、いわゆる世間一般でいわれる「道徳」（モラル）をはぐくむために、本当にそんなに有効なのでしょうか？

実は道徳教育には、「道徳教育のジレンマ」ともいうべき問題があります。道徳教育をすればするほど、子どもたちになんだか〝うさんくささ〟を感じさせてしまうという問題です。

たとえば、「平等がたいせつだ」といっている先生自身を、生徒はなんとなく〝うさんくさく〟思ってしまうことがある。「そんなことをいう先生自身が、一部の生徒を依怙《えこ》贔屓《ひいき》してるじゃないか」といった具合に。

道徳を語るのは、ひどくむずかしいことなのです。先生だって、みんながみんな聖人君子であるわけじゃない。「自分にこんなことを授業でいう資格があるんだろうか」と悩んでいる先生だって、中にはきっといるはずです。でも学校には「道徳の時間」というのがあるから、なんらかの「授業」をやらなきゃいけない。お互いなんとなく〝うさんくささ〟や〝やましさ〟を感じながらその空間を共にしているのだとするならば、それは先生にとっても生徒にとっても、ある意味では不幸なことといえるかもしれません。

それから、道徳の授業の内容それ自体に、やっぱりなんとなく〝うさんくささ〟を感じさせるところがある。「みんな仲良く」とか「友だちをたいせつに」とかいいながら、でもクラスにはいじめがあって、みんなが見て見ないふりをしてしまっている。そんな現実を見るにつけ、生徒たちは、「どうせ道徳なんて綺麗ごと」と、ますます〝うさんくささ〟を募らせてしまうこともあるでしょう。

もちろん、道徳教育は全部が全部そうした〝うさんくささ〟を抱えているわけではありません。すぐれた道徳教育の実践はたくさんあるし、〝まじめ〟な生徒や素直な年ごろの子どもたちなら、先生や道徳教材の話を、心を開いて受け止めようとするでしょう。でも現実的にいって、道徳教育は、こうした〝うさんくささ〟をどうしてもぬぐい去れない傾向にある。

だから、〈相互承認〉の感度をはぐくむために、あるいは、「いじめ」をなくすとか「モラルをはぐくむ」とかいうことのために、「道徳教育を徹底しよう」とだけ主張するのは、あんまり現実的じゃないし、もっといえば、逆効果である場合さえあるのです。

では、〈相互承認〉の感度はどうすればはぐくまれるものなのでしょう？

それは最も根本的には、生活を通して、つまり実際の人間関係を通してはぐくまれるものです。

保育園や幼稚園などで子どもたちを観察していると、面白いことに気がつきます。クラスではじめて子どもたちが出会って、それからしばらくの間は、多かれ少なかれ、オモチャを取り合ったり押しのけ合ったりと、お互いの「生きたいように生きたい」が衝突し合うものです。まさに、「万人の万人に対するたたかい」が繰り広げられるのです。

ところが生活を共にしているうちに、子どもたちは自然と、自分の〈自由〉を主張しているだけでは、ケンカになってイヤな思いをして、結局は〈自由〉になれないんだということに気がつきます。いや、もちろん〈自由〉がどうのなんて考えているわけではありませんが、いってみればそういうことです。

〈相互承認〉の感度というのは、こうやってはぐくまれていくものなのです。お互いが気持ちよく共に生活できるように、まずはお互いを認め合う。そしてそのうえで、調整し合う。保育園の子どもたちでさえ、多かれ少なかれ、そうしたことにみずから気づいていくものなのです。

学校は、まさにこのような〈相互承認〉が可能になるような場をこそ、ある程度意図的につくっていくべきです。

クラスや部活など、生活を共にする友人や先輩・後輩たちの中には、好きな人もいれば、嫌いな人や苦手な人もいるでしょう。でもだからといって、そうした嫌いな人、苦手な人を、攻撃したりいじめたりするのではなく、まずは一定、認め合う。

攻撃するのもされるのも、いじめるのもいじめられるのも、本当はお互いにとって気持ちのいいことではありません。お互いが心地よく生活するためには、結局のところ、まずは一定認め合うのが一番なのです。

もっとも、「認め合う」とか「相互承認」とかいっても、とりあえず存在だけは認めるということから、はげしく称賛するにいたるまで、かなりの幅があるものです。

ここでいう「相互承認」というのは、いうまでもなく、別にお互いにはげしく称賛し合わなきゃいけないなんてことではありません。相手がどんな趣味をもっていようが、感受性や価値観が自分と合おうが合うまいが、それが人をいちじるしく傷つけるのでなければ、とりあえずそのことを容認する。

ひとまずはそれくらいのことです。第3章で何度もいったように、このことこそが、多様で異質な人たちが社会で共存するための、最も根本的な条件なのです。

ちなみに、さっき保育園児でさえみずから〈自由の相互承認〉に気づくのだといいましたが、このことについて、少し付けたしておきたいことがあります。

ケンカしたり、馬の合わない仲間と問題を起こしたりした時に、すぐに、親や先生が、「なんでそんなことしたのか！」とか、「すぐに仲直りしなさい！」とか、いってしまうことがあります。

それはもちろん、時と場合によってはたいせつなことです。でもまた同時に、時と場合によっては、それは、子どもたちが〈自由の相互承認〉の感度をみずからはぐくもうとする機会を、奪ってしまうことにもなるのです。

これは、実は一九世紀ロシアの大文豪、トルストイが指摘していることです。『戦争と平和』とか『アンナ・カレーニナ』とかを書いた、あのトルストイです。

実はあまり知られていないことですが、トルストイは自分で学校をつくり、当時としてはだれも考えられなかったくらい、子どもたちの〈自由〉を尊重した教育を行った人でもありました。

そのトルストイは、こんなことをいい残しています。

子どもたちがつかみ合いをしたりはげしい口論をしたりした時、教師は多くの場合、すぐに二人を引き離し、仲直りさせようとする。でも、思う存分ケンカをさせてもらえなかった子どもたちは、かえってお互いに恨みをつのらせることになるのだと。

でももし十分にケンカさせたなら、子どもたちは、「もうこれ以上はまずいかな」と、お互いにどこかで折り合いをつけようとするものだ。トルストイはそういいます。そして周りの子どもたちも、二人になんらかの形でかかわって、関係を修復させようと努力するものなのだ、と。つまり子どもたちは、自分たち自身で、〈相互承認〉の機会をつくり上げようとするのです。

もちろん、時と場合によっては、教師がしっかり介入しなければならないこともあるでしょう。でもトルストイがここでいいたいのは、繰り返しますが、子どもたちにはそもそも、お互いを認め合い、折り合いをつけていこうとする、そんな「力」がそなわっているのだということです。だから大人の余計なお世話は、かえってその「力」を発揮する機会を奪ってしまうことになる。トルストイはそんなふうにいうのです。鋭い洞察だとわたしは思います。

「思いやりをもとう」とか「礼儀正しく」とかいうモラルを上から教えるのも、悪いことじゃありません。むしろ、ある時期においては必要なことでしょう。でもさっきもいったように、学校におけるこうした「徳目」教育は、どうしても〝うさんくささ〟を感じさせてしまうものです。そしてトルストイがいうように、そうしたある意味で余計なお世話が、子どもたちがみずから〈相互承認〉の感度をはぐくんでいく機会を、奪ってしまうこともあるのです。

だからこそ、学校は、子どもたちがみずから〈相互承認〉の感度をはぐくんでいく、そのための「環境」をつくる必要があるのです。いわゆる「道徳教育」というのは、とどのつまりがこのことにつきるとわたしは思います（実をいうと、「学習指導要領」にも、「道徳教育」は「道徳の時間」だけでなく、学校生活全体を通して行われるべきものだと明記されています）。

ではそれはいったい、どんな「環境」なのでしょう？

その具体的なアイデアは、次の章で「いじめ」の問題について考えながら、お話ししていくことにしたいと思います。

# 第4章

# いじめはなくせるの？

人の集まるところ、「いじめ」はどうしても起こります。

たまに、いじめは日本人に特有だとか日本の学校に特有だとかいわれますが、そんなはずはありません。海外の学校にだっていじめはもちろんあるし、いじめなんていうレベルをはるかに超えた異民族の虐殺だって、歴史上世界中にあった（今なおある）のです。

# 1 いじめはどうして起こるのか？

## ◯いじめの根源

いじめは人間社会に普遍的なことだといえますが、じゃあなぜいじめが起こるのかといえば、これもやっぱり、根源的には、わたしたちがみんな〈自由〉に生きたいと思っているからです。

前の章で何度もいったように、わたしたちはどうしても、生きたいように生きたいと思ってしまう。つまり、〈自由〉に生きたいと思ってしまう。

でも、それをなんらかの形で阻んでくるものがあります。

それが他人の存在です。

他人がいるから、わたしたちは思うがままに生きられない。そこでわたしたちは、そんな他人を排除しようと思うのです。

それがあからさまで大規模な暴力になると、戦争です。

ねちねちこそこそやると、いじめと呼ばれます。

明確な利害や憎悪が、戦争のおおもとです。

一方いじめは、多くの場合「なんとなくムカつく」から起こります。あるいは、人をいじめることで、「自分が強くなった気になれる」「快感を得られる」というのも一つの理由です。

そしてこのいじめの底にある気分も、つまるところ〈自由〉への欲望にあるのです。「なんとなくムカつく」というのは、その相手のせいで、自分が気持ちよく生きられない、つまり生きたいように生きられないということです。「自分が強くなった気になれる」「快感を得られる」というのも、人より上位になることで、生きたいように生きる欲望を満たしているのです。

これはいかにも人間的な欲望です。

動物も争い合うことはありますが、その理由は「生存する」ためです。「なんとなくムカつく」とか、「強くなった気になりたい」とか、そんなめんどくさいことは（たぶん）考えません。

でも人間は、ただ「生存する」だけじゃなく、「生きたいように生きたい」と思うのです。これを〈自由〉への欲望というのです。

そんなわけで、戦争もいじめも、わたしたちのだれもが〈自由〉に生きたいという欲望をもっているから起こるのですが、しかし前の章でいったように、わたしたち人類は、このような争いをなくすためにこそ、〈自由の相互承認〉という考えをついに見いだし、そしてこれを実現するために、（法に加えて）学校というものをつくったのでした。

それが、その学校で、まさにこの〈自由の相互承認〉をつき崩してしまうような、いじめなんていうものが起こっている。これははっきりいって、学校の存在意義そのものをあやぶませてしまうことです。〈自由の相互承認〉の土台になるべき学校で、その感度をはぐくむどころか、これをズタボロにしてしまうようなことが起こっているのだから。

だからわたしたちは、いじめをなんとかしなきゃいけない。

でも、いじめってほんとになくなるの？

そう思われるかもしれません。

あえていいたいと思います。

いじめはなくせます。

よく、「いじめはなくならない」といわれます。いやそれはたしかに、世界中のいじめを完全になくすなんてことは無理でしょう。

でも、いじめはなくせます。

正確にいうと、いじめをできるだけ起こさせないことはできるし、そのための仕掛けはつくれるし、だからそうやって、いじめをなくしていくことはできるのです。

それはいったい、どうやって？

## ○厳罰主義か、更生主義か

この問いに答える前に、いじめ問題が深刻化するたびに、世間でよく議論される話題にちょっとだけふれさせてください。

いじめが起こると、すぐに、いじめをした子どもなど即刻出席停止にしてしまえ、という人たちが現れます。

もう一方で、いや、いじめをした子どもには、ちゃんと反省とやり直しのチャンスを与えるべきだ、という人たちも現れます。

前者を「厳罰主義」、後者を「更生主義」と呼んでみることにしましょう。

さて、みなさんはどっちが正しいと思いますか？

……というこの問いが、「問い方のマジック」であることにはすぐに気がついてくれましたか？

「あっちとこっち、どっちが正しいか？」という問いは、たいてい「問い方のマジック」です。厳罰主義と更生主義、どっちかが絶対に正しいわけじゃないのです。

ところが世間では、この「問い方のマジック」にひっかかったような議論が、ほんとにしょっちゅうわき起こります。国の教育会議なんかでさえ、こんな議論が交わされることがしばしばあって驚きます。

もっと柔軟に考えましょう。

厳罰主義がふさわしい時もあれば、更生主義がふさわしい時もある。身もふたもないような話ですが、それだけのことです。

じゃあそれはいったいどういう時でしょう？

わたしの考えでは、暴力系のいじめについては、厳罰主義をとることが多くの場合妥当です。学校もまた、いうまでもなく法律の範囲内にあります。暴力は傷害罪です。法律違反である以上、法にもとづいてある程度厳しく裁かれるのは妥当なことでしょう［*6］。

一方、仲間はずれとか無視とか密かなイヤがらせとか、そういったいじめに対しては、更生主義をとることが必要な場合も多いでしょう。

もっともどちらも場合によるから、どういう時が厳罰主義でどういう時が更生主義か、というのを、単純に決めてしまうわけにはなかなかいきません。いずれにせよ、厳罰主義か更生主義か、どっちが正しいか、などと問うんじゃなくて、状況に応じて両者を使い分けたり、さらには組み合わせたりする視点がたいせつなのです。

さて、以上は、みなさんに「問い方のマジック」を思い出してもらうための、余談というかおさらいです。

いじめはどうすればなくせるか？　これが本章のメインテーマです。

## ◯自己不十全感

いじめの最も根本的な原因は、人間がだれしも〈自由〉への欲望をもっていることにある、とさっきいいました。

でもだからといって、みんながみんないじめをするわけではありません。

［＊6］ただし、子どもには大人と同じ法律が完全に適用されるわけではありません。なぜなら子どもは、〈自由の相互承認〉を十分理解した存在とはまだ認められていないからです。〈自由の相互承認〉を十分に理解したとされてはじめて、人の自由を傷つけた時、罰せられることになるのです。その意味で子どもは、大人とまったく同じように罰せられるべきではなく、まず第一には、〈自由の相互承認〉を体得できるよう、社会が守りはぐくむべき存在なのです。

それがいじめへとつながってしまうのは、いったいどういうわけなんでしょう？

大きく分けて、二つの理由があると思います。

一つめの理由は、**「自己不十全感」**です。自分に対する不満のことです。

自己不十全感もまた、わたしたちが「生きたいように生きたい」、つまり〈自由〉になりたいという欲望をもっているからこそ抱いてしまうものです。

ふたたび動物の例をあげると、動物はたぶん、「自分はなんでこんなこともできないんだ」とか、「もっといい頭に生まれたかったのに」とかいって、くよくよ思い悩むことはありません。「生きたいように生きたい」という〈自由〉への欲望をもつ人間だけが、その力がないために「生きたいように生きられない」という、自分への不満を抱えてしまうのです。

いじめをする人が、いじめに走る時まず抱く感情、それは、さっきもいったように多くの場合「ムカつく」です。「あいつ何かムカつく」。この感情が、人をいじめへとかり立てます。

なぜ「ムカつく」のか。その奥底の理由は、実のところ、相手に対する不満やいらだちにあるわけではありません。だれかを「ムカつく」といっていじめをする人は、本当は自分自身にムカついているのです。

たとえば、親からの高すぎる期待に応えられるかわからない。先生からはいつも、なんでこんな問題もわからないいんだといわれつづける……。自分への不満や、人から受け入れられていないんじゃないかという不安は、ちょっと大げさにいうと、世界全体に対する「ムカつき」を生んでしまいます。何だか何もかもがムカついてしまうのです。

何もかもが満たされて幸せな時、わたしたちは、たとえば町でだれかと肩がぶつかったって、「この野郎」と目くじらを立てることはあまりないはずです。なんとなく、今の自分に不満がある、今の環境に不満がある。そんな時、わたしたちはそのいらだちを、思わずだれか別の人に向けてしまうのです。

子どもや若者だって、大人以上に毎日の生活に苦しさを抱えているものです。親のいうことを聞かなきゃいけなかったり、クラスでは人間関係のいざこざが起こったり、テストや受験のプレッシャーにさらされたり、将来どうすればいいのかというばくぜんとした不安があったり……。けっこうなストレスです。

そんな時、たまたま「ムカつく」クラスメイトが目にとまる。小突いてみたりイヤがらせをしたりしてみたら、なんとなく自分のほうが強くなった気になれる。そうすると、自己不十全感からちょっとだけ解放された気になれる。

繰り返しますが、自分に余裕があったり、満足したりしている時は、そうそうだれかにムカついたりしないものです。だれかをいじめて自分の力を確かめようなんて、思う必要もありません。

だから、だれかにムカついていじめてやろうと思うその根本には、実は自分自身に対する不満、つまり自己不十全感があるのです。

## ●逃げ場のない教室空間

いじめが起こるもう一つの理由は、**「逃げ場のない教室空間」**です。

一つの教室に、三〇人や四〇人の生徒たちが毎日顔をつき合わせて生活する。もともと気の合う仲間同士が集まったわけじゃない。中にはどうしても好きになれない友人や、話すのさえ怖いクラスメイトがいることだってあるでしょう。

でも子どもたちは、よっぽどのことがないかぎり、そんな教室から逃げ出すことが許されません。

もし、教室からもっと簡単に「逃げる」ことができたなら。もし、いじめをしてくる生徒との人間関係を、上手にかわしていくことができたなら……。いじめ問題は、もっともっと克服しやすいものになる。わたしはそう確信しています。

けれど大人たちは、多くの場合、逃げちゃいけない、困難に立ち向かわなきゃいけない、なんていいます。先生は、「みんな仲良くしなさい」などという。

よく、かつていじめを受けていた子が、大人になって格闘技のチャンピオンになったとか、有名な社長さんになったとかいって取り上げられます。そしてインタビューに答えていいます。

「いじめに負けるな、立ち向かえ！」

……どうでしょう？　やっぱりわたしたちは、いじめから逃げずに立ち向かうべきなんでしょうか？

はい、その通り、「一般化のワナ」です。

立ち向かったほうがいい時もあれば、逃げ出したほうがいい時もある。

わたしたちはそう考えるべきなのです。そしてだからこそ、学校は、子どもたちが逃げられるような道も、ちゃんと用意しておくべきなのです。

「生きる力」といいます。たしかに、人と仲良くできることは人間関係における「生きる力」だと思います。困難に立ち向かえることだって、とても立派な「生きる力」です。

でもまた同時に、「深刻な危険からは逃げる」「どうしても合わない人をうまくやりすごす」ということだって、とても切実な、そして現実的な、「生きる力」だというべきです。

社会に出ても、どうしても合わない人と一緒に仕事をしなければならないということはしょっちゅうです。そしてもちろん、そういう人ともなんとか仲良くしようとすることはたいせつだし必要です。

でも、それでもどうがんばってもうまくいかないことだってある。無理に仲良くなろうとして、かえってお互い傷つけ合ってしまうこともある。

そんな時重要なのは、上手に距離をとって、うまくやりすごすことです。それは別に、恥ずかしいことでも敗北でもなんでもありません。深刻な争いを避ける知恵なのです。

大人たちは、社会生活を営みながら徐々にそうした知恵を身につけます。そして社会は、学校に比べれば、どうしても合わない人をうまくやりすごすことが、比較的やりやすい場所です。

もちろん、大人たちだって、そのほとんどが日々人間関係に悩んでいます。どうしても合わない人をやりすごすことができず、ノイローゼに陥ってしまうことだってしばしばです。

でも学校に比べれば、大人の社会にはまだたくさんの「逃げ場」がある。仕事の人間関係がつらくても、学生時代の仲間と会ったり、趣味のサークルに入ったり、家族との休日をすごしたりすることができる。

大人はその気になれば、イヤな人間関係に縛られることなく、いろんな人たちとつきあうことができるのです。あるいはできるだけ人とかかわらないこともできるのです。

ところが学校はどうでしょう。毎日同じ空間を共有しなければならない子どもたちにとって、どうしても合わない友人、いじめをしてくるクラスメイトたちを、「うまくやりすごす」ことは物理的にむずかしい。

多くの子どもたちにとって、学校は生活の大部分をしめる場所です。そして逃げ場のない教室は、子どもたちにとって、文字通り「ここにしか居場所がない」場所です。そんな学校や教室がいじめの場所であったら、自分を苦しめる場所であったら、それはもう、まさに逃げ場のない地獄というほかないでしょう。

だからわたしはいいたい。居場所はほんとはここだけじゃないのだと。いや、むしろ、「居場所はここだけじゃない」と思える仕組みを、学校はもっともっとつくっていく必要があるのです。

# 2 いじめのなくし方

と、このことがわかれば、じゃあどうすればいじめをなくしていくことができるかがわかります。

## ○人間関係の流動性

今いったように、いじめが起こる根本的な理由は、わたしの考えでは「自己不十全感」と「逃げ場のない教室」です。

先に、「逃げ場のない教室」の問題のほうから考えてみたいと思います。

子どもたちが特定の人間関係の中だけで生活すると、いじめのリスクは必ず高まります。固定的な人間関係においては、なんらかの集団的な「空気」が必ず発生するからです。

そしてこの空気を読めない子は、いじめを受けるリスクをかかえます。たとえいじめられなかったとしても、つねに空気を読み合う人間関係はしんどいものです。

でも、空気が読めないのはほとんどの場合、けっして悪いことなんかじゃありません。このクラスのノリには合わないけれど、別のクラスの人たちとはけっこう楽しく生活できる、ということはいくらでもあります。ノリや空気は、集団によってそれぞれなのです。

だから、「人間関係の流動性」の仕掛けをもっとつくろう。

これが一つめの提案です。

たとえば、今多くの学校で行われている、「学び合い」（協同的な学び）を充実させるのも一手でしょう。

「学び合い」にはいろんなタイプがありますが、共通しているのは、先生による一斉授業じゃなくて、生徒同士で学び合うというスタイルです。

ちなみに、学び合いは学力向上のためにも有効だといわれています。一斉授業の場合、どうしても、授業についていけない生徒、あるいはまた、簡単すぎて退屈する生徒が出てしまうものです。あんまりいい言葉じゃないですが、「落ちこぼれ・ふきこぼし」問題などといわれています。

一斉授業は学力中間層にレベルを合わせざるをえないことが多いから、全員に実りある学びを保障することが、なかなかむずかしい側面があるのです。

でも、たとえば理解度が進んだ生徒とそうでない生徒が学び合った時、一斉授業を受けたり一人で勉強したりしている時より、お互いにとってプラスになることがとても多い。理解の進んでいる生徒は、そうでない生徒に教えることで、みずからの理解がさらに深まる傾向があります。そしてまた、理解の進んでいない子は、なかなかついていけない一斉授業を受けるより、自分に合った友だちから教えてもらったほうがよくわかるということが多いのです。みなさんも、先生の授業を聞くより、友だちに教えてもらったほうがよくわかる、という経験をしたことがきっとあるでしょう。

でもこのことについては、本題からそれるのでこれくらいにしておきます。

今いいたいのは、いじめをなくしていくための一手としての学び合いです。

それはもちろん、固定化されたグループでずっと学び合うというわけではありません。時にはクラスや学年さえ超えて、教科やプロジェクトごとに異なったグループで学び合う。グループをたえず流動させることで、ある集団的な「空気」が支配的・固定的になるのを防ぐのです（学び合いについては、本章の後の「コラム4」も参照してください）。

あるいは、クラス担任が何人も入れ替わり立ち替わり、交代していくのも一つでしょう。

一人の先生が、三〇人、四〇人の生徒全員に十分目配りするというのは、現実的にいってかなりむずかしい。生徒が多ければ多いほど、いじめにも気がつきにくいものです。

さらにもっと問題なのは、先生もまたいじめに加担してしまうケースがあるということです。教師も人間だから、どうしたって好き嫌いはあるものです。いじめをしている子がお気に入りで、いじめられている子がどうも好きになれない、ということも、残念ながらままあります。

クラスでいじめられている子からすれば、それは先生も含めてみんな敵ということになる。とんでもなくおそろしいことです。

けれど、担任の先生が何人も入れ替わり立ち替わりすれば、いじめに気づく可能性は高まるだろうし、いじめられている子にとっても、「この先生になら相談できる」という先生に出会える可能性が高まるでしょう。

でもそれって、クラスの団結とか、先生と生徒たちとの結束とか、そういうものを失わせてしまうんじゃないの？

そう思われるかもしれません。

それはたしかに、そうかもしれません。でも、仲間と団結して協力し合う態度をはぐくむことがたいせつだというのなら、それはさまざまな教科やプロジェクトにおける学び合いでだって可能なことです。

「クラスを一つに」とか「一致団結」とか、そういったことは、時にたいせつなことではあるけれど、それが同調圧力を生み、同じノリを共有できない生徒を、いじめたり排除したりしようとすることがしばしば起こります。だから本当に大事なことは、クラスが一つになることよりも、それぞれの生徒が、自分なりのしかたで、多様な人たちと多様な人間関係を、できるだけ豊かにつくっていけることだろうと思います。

でもそれって、集団の中でねばり強く人間関係を築こうとすることから、子どもたちを安易に逃がしてしまっているだけなんじゃないの？

そう思われるかもしれません。

そういう部分も、たしかにあるでしょう。でもそれは、バランスの問題だとわたしは思います。

たしかに、合わない人ともねばり強く人間関係を築いていくことはたいせつです。その意味で、なんでもかんでも人間関係を流動化すればいいというわけじゃない。

でも同時に、合う人を見つけて心地のいい関係をつくっていく力も、やっぱりたいせつなことなのです。自分が属する集団を飛び越えて、もっと広い多様な人たちと出会い、そこで有意義な関係をみずからつくっていけること。そんな力もまた、人間関係にとってはとても重要なことだと思います。

だからこれはバランスの問題で、この適度なバランスをつくるためにも、学校は、固定的なクラスをもうちょっと流動化していってもいいんじゃないかと思います。

ただし、もうみなさんわかってくださっていると思いますが、わたしが右のように、人間関係が流動的な学び合いや、担任の先生を流動化させるというアイデアを提案したからといって、これこそが絶対の正解だなんていっているわけではありません。

答えは一つじゃないのです。

固定的な人間関係が、もしいじめなど深刻な問題を生んでいるのだとするならば、それぞれの学校の状況に合わせて、人間関係を上手に流動化するさまざまな方法を見つけていけばいいのです。

## ○承認と信頼

もう一つのいじめの根本的な理由として、わたしは「自己不十全感」をあげました。

そこで、今度はこの問題を克服する方法について考えてみたいと思います。

まずあげたいのは、**「承認」と「信頼」**というキーワードです。

わたしたちはなぜ、自己不十全感を抱いてしまうのでしょう？

それは、わたしたちが自分に不満を抱いているから、つまり、どこかで自分を認めることができずにいるからです。

なぜ自分を認められないのか？

それは、人から認められているという実感が、十分得られていないからです。


多くの場合、わたしたちは、無条件の愛情や承認をまずは親から与えられます。この経験を通して、わたしたちは、「大丈夫、自分はちゃんと愛される存在なんだ」とか、「認められるにあたいする存在なんだ」とか思えるようになるのです。

ところが残念ながら、どんな親もみんな、自分の子どもたちにそうした愛情や承認を与えられるわけではありません。本当に残念なことだけど、子どもを愛せない親や、あるいは行きすぎた期待で子どもを押しつぶしてしまう親だって時にいます。

そして学校では、とくに中学くらいになると、生徒たちはしばしば厳しい管理や競争にさらされます。

生活のいちいちを管理され、成績をつけられ序列化される。それは相当のストレスです。そして過度の管理は、生徒たちに自己不十全感を抱かせます。

管理というのは、つまり相手を信頼していないからこそするものです。放っておいたら失敗するんじゃないかとか、変なことをやらかすんじゃないかとか、そういうふうに考えるから管理しようとするのです。

どうせお前たちは校則を守らないだろう、どうせお前たちは人の物を盗むだろう、どうせお前たちは厳しく強制されないと勉強なんてしないんだろう……。管理というものの底には、そんな匂いがどこかしら漂います。

信頼されていない、と思うと、わたしたちは、自分は信頼されるにあたいする存在なんだ、とも思いにくいものです。結果、自己不十全感やうっぷんは、どんどんたまっていくことになる。たえず否定され、信頼されず、「ダメだダメだ」なんていわれつづけたとするなら、なおさらです。

あたりまえのことですが、わたしたちは信頼されないと、信頼に応えようと思うことだってありません。むしろ、「だれがお前のいうことなんて聞くものか」と、かえって反抗的になるものです。

ところがおもしろいもので、わたしたちは、承認され信頼されると、その信頼に応えたいと思うものなのです。とくに子どもや若者は、多くの場合、与えられた承認や信頼にあたいする自分になりたいと、みずからを成長させようとするものです。

そして承認され信頼される経験が十分にあれば、子どもたちは、自分のこともまた一定、承認できるようになります。

だからこそ、学校をもっと承認と信頼の空間にしていこう。わたしはそういいたいと思います。

さっきもいったように、すべての親が、子どもたちを無条件に愛し承認できるわけではありません。だからこそ、学校はそうした承認や信頼の砦であってほしいと思うのです。

## ○教師の多様性

とはいうものの、先生はいついかなる時も生徒を承認し信頼しなければならない、なんていうと、それはちょっと酷だし、非現実的です。

もちろん、一人ひとりの先生がすべての生徒をちゃんと承認し信頼できればそれが一番いいのだけど、教師も人間、さっきもいいましたが、どうしても合わない子もいれば、どうしても好きになれない子もいるものです。

だから、一人ひとりの先生の承認や信頼に、頼りすぎるのではないシステムを考えよう。

そこでわたしの考えでは、まず最もたいせつなことは、いろんなタイプの先生が学校にいるということです。そして学校を、いろんなタイプの先生とふれ合える空間にすることです。

「教師たるものかくあるべし」なんて、教師をあまり型にはめすぎないほうがいいとわたしは思います。いろんな生徒がいるんだから、先生だっていろんなタイプがいたほうがいい。

だれからも好かれる先生だって、「ちょっと苦手だな」と思っている生徒は必ずいます。逆に、だれもが嫌っていると思われている先生だって、一定の生徒たちからは好かれているものです。

いろんなタイプの先生と出会えれば、それだけ、自分を承認し信頼してくれる先生に出会える確率も高まります。だから学校には、できるだけいろんなタイプの先生がいたほうがいいし、いろんな先生と出会える機会があったほうがいい。わたしはそう思います（もちろん、ひどい暴力教師など、生徒を心身ともにひどく傷つけるような教師は論外ですが）。

## ◎教師への信頼

もう一つ、先生が生徒たちを承認し信頼できる存在であるためには、先生たちもまた、生徒や親、あるいは校長や教育委員会などから、承認し信頼される必要がある、ということをいっておきたいと思います。

生徒をあまりにきつく管理したり支配したりしようとするのは、自分に自信がなかったり、余裕がなかったりする場合が多いものです。自信や余裕があれば、おおらかに生徒たちと向き合えるはずなのだけど、それがないと、ちょっとしたことで生徒に腹を立てたり、思い通りにならないことにイライラしたりしてしまいやすい。

先生の自信や余裕、それをちゃんと支えられるシステムが必要です。まさに、一人ひとりの先生が承認され、信頼されるシステムが必要なのです。

それはたとえば、校長や教育委員会が、あれをやれ、これをやれと、先生たちをきつく管理しすぎないことかもしれません。一人ひとりの先生を信頼し、教育活動をその自主性や創意工夫にある程度任せることかもしれません。できるだけ雑務を減らし、生徒一人ひとりにしっかり向き合ったり授業に集中したりできる環境を整えることであるかもしれません。

ここしばらく、学校の先生に対する世間の風あたりはとても強くなっています。学校で何か問題が起こると、何でもかんでも先生のせいにされてしまいます。一部の教師の不祥事のために、日本の教師はみんなダメだなんていわれることもあります（でもそれは、第1章でもいったように「一般化のワナ」です）。

だから最近の学校は、先生にますます厳しい要求をつきつけるようになっています。先生同士が助け合い協力し合うより、むしろ競争させて意識を高めようとしたり（実はそれは、お互い足を引っぱり合うなど、かえって逆効果である場合が多いのです）、管理を厳しくして一人ひとりの創意工夫の機会を奪ったりしています。

最近の学校教育は、こんなふうに、先生を信頼するのではなく、むしろ不信感をもって管理するという方向に動いてきたのです。

でもさっきもいったように、人は、信頼されなければ信頼に応えようなんて思うはずがありません。それは子どもたちだけじゃなく、先生だって同じことです。

だから、先生が生徒たちを承認し信頼できるようになるためにこそ、先生たちもまた、承認と信頼によって支えられる必要がある。先生たちへの承認と信頼を基礎とした教育システムを、しっかりつくっていく必要がある。わたしはそう思います。

もちろん、中にはほんとにひどい先生だっているのはいます。でももう一度だけいっておきます。不思議なことに、人は多くの場合、信頼されればそれに応えたいと思うものなのです。信頼にあたいする自分になりたいと、みずからを成長させようとするものなのです。

学校は〈自由の相互承認〉の土台です。

相互承認ができるためには、その前に必要なことがあります。

それが相互信頼です。

相手を信頼できなければ、認めることなんてできません。不信でいっぱいだと、承認するどころか攻撃したくさえなるからです。

〈自由の相互承認〉の感度をはぐくむためにこそ、学校は相互信頼を基礎とした場所であるべきだ。少なくとも、そのような方向へとつくられていくべきだ。

わたしはそう思います。

## ◯なぜ体罰はダメなのか？

なんかちょっと説教くさくなってきてしまいましたが、以上のお話は、なぜ体罰がダメなのか、ということにもつながります。

なので本章の最後に、体罰についても少しふれておきたいと思います。

体罰問題についても、世間ではもううんざりするくらい、「問い方のマジック」にひっかかった議論が繰り返しつづけられてきました。

体罰はありかなしか、という議論です。

体罰賛成派はこういいます。

「言葉でいってもわからない子どもに対しては、やっていいことと悪いことを教えるために体罰が有効だ」

「殴られる痛みを知らなければ、人を殴ってはいけないということがわからない」

「体罰は愛のムチ。痛みを知って、もっとがんばろうと思うようになる」

対して、体罰反対派はこういいます。

「言葉でいってわからない子に対しても、なおその子の理性に訴えかけていくのが教育だ」

「殴られる痛みを知ってはじめて、殴るのはよくないとわかるなんてことはない。殴られた子は、自分もまた人を殴るようになる」

「痛みや恐怖で人はがんばらない。楽しい、やりがいがある、と思うからがんばるのだ」

――こうして、体罰是か非かをめぐっては、かみ合わない議論が延々つづきます。

でもみなさんは、こんな「問い方のマジック」にはもうひっかかりませんよね？

体罰はいいのか悪いのか、どっちが正しいのか。これは問い方のマジックです。絶対にいいとも、絶対に悪いとも、決めてしまうことはできません。

と、ただし急いでいっておかなければなりません。

でも学校においては、体罰はけっしてゆるされないのだと。

たしかに、「体罰はいいか悪いか？」は、「問い方のマジック」です。もしものすごくマゾな子がいて、自分の意志で入ったスポーツチームか何かで、「僕を殴って強くしてください！」なんて強く主張したとするなら、それは「絶対にダメ」とはいえないかもしれません。

でも、学校における体罰は、原理的にいってダメなのです。教師による体罰や暴力は、それが正当防衛など特殊な場合を除いて、けっして許されません。

なぜでしょうか？

それは、何度もいってきたように、学校が〈自由の相互承認〉の土台だからです。子どもたちに、〈自由の相互承認〉の感度をはぐくむ場所だからです。

〈自由の相互承認〉とは、お互いがお互いに自由な存在であるということを、まずはいったんルールとして認め合うということです。

そのための最低条件は、お互いけっして暴力には訴えないということです。暴力とは、相手の自由を最もあからさまに侵害する行為だからです。それは、恐怖によって相手の自由を奪い、相手を自分の思いのままにしようとする行為なのです。

だから、〈自由の相互承認〉とはまず第一に、他者の〈自由〉を尊重するため、わたしは暴力に訴えません、という約束を、お互いに交わすことにあるのです。

学校は、こうした〈自由の相互承認〉の感度をはぐくむ場所です。その学校が、恐怖や痛みによって子どもたちを支配しようとすることは、〈自由の相互承認〉の土台としての学校の使命を、みずから放棄してしまっているとしかいいようがありません。学校や教師が教えるべきは、わたしたちは暴力的手段によって、つまり痛みや恐怖を通して、だれかの〈自由〉を奪うことができる、なんていうことでは断じてありません。反対に、暴力によって相手の〈自由〉を奪うことは許されない、ということをこそ、教えなければならないのです。

何度もいいますが、それが〈自由の相互承認〉の最低条件だからです。

もう一つ、体罰はリスクが高すぎるということもいっておきたいと思います。

体罰といったって、ちょっと小突くくらいならいいだろう、と思う人がいるかもしれません。でも、それこそまさに「一般化のワナ」です。

ちょっと小突いたつもりが、子どもにとっては一生消えない心の傷になるということもあります。それを、これくらいで傷つくなんて軟弱な、なんていってしまうのは、自分の思い込みをただ一般化しているにすぎません。

「手を出す」ということには、取り返しのつかない事態に陥ってしまうかもしれないリスクがあるのです。そして暴力というものは、それがどんなものであれ、相手の〈自由〉を否定する行為です。

子どもたちが〈自由〉になれるように、そして〈自由の相互承認〉の感度をはぐくめるように、成長を支えていくのが教育です。そうである以上、学校が体罰によってそのみずからの使命をつき崩すようなことがあってはならないのです。

こうしてわたしたちは、学校では体罰が許されないということを、原理的に〝論証〟することができるのです。

# コラム4 「コミュニケーション力」は一つじゃない

第4章では、「学び合い」（協同的な学び）について少しふれました。教科やプロジェクトごとに、いろんな人たちとグループを組んで学び合うという、学びの方法です。

でもどうでしょう。「グループを組む」とか「グループ学習」とか聞くと、「うっ」と身構えてしまう人も多いんじゃないでしょうか？

実はわたし自身がそうでした。担当している大学の授業でも、大学生たちによく聞きますが、「グループを組む」のがとてもイヤだったと答える学生はたくさんいます。

そう、多くの子どもたちにとって、学校の先生の次のような言葉は、とてもおそろしく響くのです。

「はい、じゃあ好きな人とグループ組んで」というあれです。

この言葉がおそろしいのは、クラス内の人間関係が、その瞬間あからさまに目に見えてしまうからです。あの子とあの子は友だちで、あの子は友だちがほとんどいない、といったことが、一瞬にしてみんなの目に見えてしまうのです。

仲良しグループだって、必ずしも一枚岩であるわけじゃありません。「五人グループを組んで」といわれて、仲良し六人グループの中から、だれかが追い出されることもある。クラス内でいじめがあった場合、この言葉はなおさら暴力的です。

グループ分けというのはなかなか大変な作業だから、「好きな人とグループ組んで」といってしまう先生はけっこういます。でもそれは、とくに思春期の、人間関係にきわめて敏感な子どもたちに対して、とても無神経な言葉なんじゃないかと思います。

でも逆説的だけど、それでもなお、いやだからこそ、学び合いはとても有効な方法だとわたしは考えています。より正確にいうと、グループが固定しないよう工夫された、日常的・継続的な学び合いは。

グループが固定してしまうと、その中に入れず苦しむ生徒が必ず出てきます。だから、いろんなグループで学び合う機会を豊富につくることがたいせつです。

そもそも、教科やプロジェクトごとにグループが変わるのは、学び合いのあり方からいって当然のことです。数学は彼に教えてもらいたいけど、体育は彼女に、というのは自然なことだし、一つの授業時間内でグループが入れ替わるというのだって、そちらのほうが効果的であれば、十分ありうるし、認められるべきことです。

そして、こうした学び合いの経験を、幼いころから日常的に積んでいくことがたいせつです。

そうすれば、子どもたちは、さまざまな人とのかかわり合い方、そして、かかわりの中で自分の特性を知り活かすということを、徐々に学んでいくことができるだろうと思います。どうすれば人と心地のいい関係をつくれるか、とか、どうしても合わない人を「うまくやりすごす」知恵だって、身につきやすいんじゃないかと思います。

もちろん、それでもグループ学習が苦痛だという生徒はいるでしょう。でも、気の合う仲間はどこかにきっといる。協同的な学びの経験は、そうした気の合う仲間の見つけ方、そしてまた、気の合わない友人ともそれなりにうまくやっていくコミュニケーションのやり方を、子どもたちに教えてくれるんじゃないかとわたしは思います。

「コミュニケーション力」というのは、まさにそうした経験を通してこそはぐくまれるものなのです。

「コミュニケーション力がたいせつだ！　コミュ力だ、コミュ力を身につけよう！」……近年、こんな声がひんぱんに聞かれるようになりました。でも「コミュニケーション力」って、そもそもいったい何なのでしょう？

「コミュ力」と聞くと、多くの人は、明るくて話し上手で盛り上げ上手、自己主張もうまい一方、だれとでもすぐ仲良くなれて交際範囲もずいぶん広い、といったイメージを、思い浮かべるんじゃないかと思います。

でもそれは、あくまでも「コミュニケーション力」の一部です。より正確にいうと、そういうコミュニケーションのしかたが得意な人もいれば、そうじゃないコミュニケーションのしかたが向いている人だっているのです。

話し上手でも盛り上げ上手でもなくたって、「聞き上手」だという人はいるでしょう。それはそれで、立派なコミュニケーションの能力です。「この人といると安心するな」とか、「この人ならわかってくれそうだ」とか人に思わせられる、立派なコミュニケーションの「力」です。

流行の話題にはついていけないけれど、好きな映画や音楽の話ならどこまでも深く話せるという人だっているでしょう。プレゼンは得意じゃないけれど、調べたことを書いて伝えるのは得意だという人だっているでしょう。どちらも、立派なコミュニケーションの力です。

要するに、コミュニケーション力というのは、人と心地よい関係を、自分の特性を活かして、自分なりのしかたでつくっていける力のことなのです。そしてそのことで、自身もまた、心地よく生きていける力のことなのです。

学校を卒業して社会に出れば、「コミュ力」はますます必要になるといわれます。でも社会での仕事というのは、実はとても多様なものなのです。それこそ、「話し上手」より「聞き上手」が求められる仕事だってあるし（たとえばカウンセラー）、映画や音楽の深い話が求められる仕事だってあるし（たとえば評論家）、調べる力が求められる仕事もあります（たとえば研究者）。仕事がこれだけ多様なんだから、社会で求められる「コミュ力」だって、やっぱり多様なものなのです。

「学び合い」（協同的な学び）は、こうした多様な「コミュニケーション力」をはぐくむという意味においても、改めてとても有効です。さっきもいったように、幼いころから日常的にコミュニケーションをとりながら学び合う経験を積むことで、「なるほど、自分はこうやって人とかかわるのが得意なんだな」とか、「こうやってかかわれば楽しいんだな」とかいったことが、おのずとわかってくるだろうからです。それこそ、グループで何か調べて発表するという経験を重ねていく中で、「自分はプレゼンは苦手だけど、調べて書くのなら得意だな」とか、そういったことに気づいていくことができるでしょう。「コミュ力」とか「ソーシャルスキル」とか、ずいぶんやかましくいわれるようになった今だからこそ、学校はそのあり方をあまり型にはめすぎることなく、むしろそれぞれの生徒たちが、自分の特性を活かして人と心地よくかかわり合っていくことを学べる、そんな場であってほしいとわたしは思います。

と、そう考えると、これからの教師には、単に教えるのがうまい、というだけでなく、生徒の協同的な学びをファシリテート（促進）する力が求められるようになるでしょう。

どれだけ授業を教えるのがうまいといったところで、一斉授業の場合だと、必ずついていけない生徒や、逆にすでにわかっていて授業がおもしろくない生徒が、一定数出てしまうものです。

でも学び合いをうまく機能させられれば、生徒たちは、受け身じゃなくみずから学び、また学び合っていくものです。

だから、これからの教師には、学び合いをうまくファシリテートする力量がいる。わたしはそう思います。

でも最後にもう一度だけいっておきます。

教育の方法、学びの方法に、唯一絶対の正解はありません。学び合いだけが絶対に正しいわけでも、それ以外が絶対にダメなわけでもありません。

それぞれの学校や生徒の状況に応じて、効果的な方法を選んだり、組み合わせたりすればいいのです。

# 第5章

# これから学校はどうなるの？

第3章や第4章では、今の学校が、〈自由の相互承認〉の土台として残念ながらまだ不十分なところがある、ということをお話しました。そして、とくにいじめ問題を取り上げて、これをどうすればなくしていけるかについてお話しました。

いじめも体罰も、あるいは空気を読み合う関係も同調圧力も、その問題は、すべて同じところに根をもっています。つまり、「固定的で閉鎖的な空間」です。

だからこれからわたしたちは、学校空間を、もっと、すべての子どもたちが〈自由〉になるための力をはぐくみ、〈自由の相互承認〉の感度をはぐくんでいけるものへと、設計し直していく必要がある。

じゃあ今後、学校はどうなっていけばいいんだろう？

この問題を考えるにあたって、本章では、これまでとはちょっと別の観点からも問題を提起したいと思います。

## ◯変わりゆく学校

学ぶこと、勉強すること、それは、最も根本的には〈自由〉になるためです。

でも、なぜそれが学校である必要があるんだろう？

この問いについては、第3章でくわしくお話しました。

それは、家庭や地域に関係なく、すべての子どもたちに〈自由〉になる力をはぐくむことを保障するためです。そのことで、〈自由の相互承認〉の感度をはぐくむためです。

でも、あえて次のようにいってみたいと思います。

それははたして、今のような学校であるべきなんだろうか？

この問いは、今、かつてよりもますます現実味のある問いになってきています。

というのも、今やわざわざ学校という閉鎖的な場所に行かなくても、インターネットを通した自学自習が可能になっているからです。

学力という点だけから見るなら、もしもインターネットなどを通した自学自習のシステムによって、今の学校と同じくらい、あるいはそれ以上の学力達成をすべての子どもたちに保障できるのだとするならば、今の学校が、今のままでありつづける必要はないかもしれません。

第一、学校での学習は、どうしても、先生の質や友人関係などによって、いい意味でも悪い意味でも左右されやすいものです。

教え方が自分に合う先生ばかりとはかぎりません。クラスメイトたちの誘惑があって、なかなか勉強できない環境だということもあるかもしれません。

それに対して、オンライン学習の場合、自分のペースで、自分に合ったコンテンツを選んで学びを進めていくことができる。少なくとも、今後その可能性はどんどん高まっていくはずです。

オンライン学習の機会や方法は、これから間違いなくますます充実していきます。さまざまな方法が編み出され、わたしたちはその中から、自分に合った学習方法を見つけることができるようになるでしょう。

学びの方法は一つではありません。ひたすら一人で教科書を丸暗記したい人もいれば、友だちと学び合うのがお好みの人もいる。熱血先生の情熱にふれたい人もいれば、あんまり先生とかかわりたくない人もいる。

オンライン学習は、そうしたいろんなタイプの子どもたちが、自分に合った方法で学べる機会を、今後ますますたくさん用意してくれるだろうと思います。

学校で、あまり授業のうまくない先生の一斉授業を受けるより、ものすごく教え方のうまい先生のビデオを見て学んだほうが、効率がいいということもあるでしょう。その教え方だって、人それぞれ好みがあるし、学習内容によっても違ってほしかったりするでしょう。

たとえば今も、「反転授業」というものがあります。アメリカなどの大学で多く取り入れられていて、徐々に高校、中学校、小学校などでも始まっている授業形態です。

これまでは、学校で先生の授業を受けて、家で宿題を一人でやる、というのが一般的でした。

反転授業は、これを反転させる。

自宅でたとえばすぐれたビデオ教材を見て学び、学校では、そこで学んだものを持ち寄って、応用課題にグループワークで取り組み、学び合うのです。個別学習と協同学習を組み合わせる。この発想は古くからあるものですが、技術の進歩は、その効率や質を、もっともっと高めてくれるだろうと思います。

## ◯学校に代わるもの？

と、こう考えると、学校という固定的で閉鎖的な空間に、わたしたちが一日中いつづけなければならないということは、もしかしたら今後なくなっていくんじゃないか？

そう考えることは十分に可能です。少なくとも、今のような学校のあり方は、技術の進歩とともに大きく変わっていく可能性があります。

実はこうしたインターネットを通した個別学習の発想は、まだインターネットが登場する前の一九七〇年代初頭に、イヴァン・イリッチ［*7］というユニークな思想家によってすでに提案されていたものです。

興味深いアイデアなので、少しだけ紹介しておきたいと思います。

イリッチは『脱学校の社会』という本によって、教育界に大きな衝撃を与えた思想家です。

彼はいいました。学校は、学ぶべきことや学びの方法、何に価値があって何に価値がないかといったことなどを、全部独り占めにしてしまっている場所である、と。本来、学ぶべきことや価値のあることって、一人ひとり違うはず。イリッチはそう考えました。

なんでみんながみんな、一緒くたにされて同じことを同じようなしかたで学ばなければならないんだろう？　子どもたち一人ひとりにとって本当に必要なことを、子どもたちがみずから学んでいくシステムが必要なんじゃないだろうか？

だから、学校をなくしてしまおう！

イリッチはそう主張しました。当時一世を風靡《ふうび》した、「脱学校論」と呼ばれる考えです。

［＊7］イヴァン・イリッチ（Ivan Illich, 1926-2002）：オーストリア出身の哲学者。現代文明に対する鋭い批判の数々で知られています。ほかの著書に、『脱病院化社会』『生きる思想』など。

実はこのイリッチの思想の背景には、もっと深刻な問題意識がありました。

学校は、学ぶべきことや価値あることなどを、全部独り占めにしてしまっている。しかしそもそも、そこで学ぶべきこと、価値あることとされているのは、いったい何なのだろう？


それは、社会の上層にいる人たちの知識であり価値観だ。彼らが、学校を通して、これを学べ、あれを学べと要求しているのだ。そうイリッチはいいました。

その結果、何が起こってしまうでしょう？

まず、社会の上層に属さない子どもたちが、多くの場合やる気をなくしてしまうことになります。こんなもの自分には必要ない、と思ってしまうようになるのです。そうすると、そうした子どもたちが社会的に上昇していく可能性は、ますます低くなってしまいます。

結局今の学校システムは、社会の上層にいる人たちが、自分たちの階級に都合のいいようにつくっているだけなのだ！　これがイリッチの問題意識だったのです。

こうした問題意識は、当時多くの学者たちに共有されていました。学校が実はどれだけ不平等な場所であるか、多くの学者たちがはげしく非難しました。

ただその中には、ただただ学校を告発しつづけるだけで、じゃあどうしたらいいのかを考えなかった学者も多いので、わたしは当時の学校非難に対しては、ちょっと批判的な思いをもっています。

イリッチの思想についても、わたしは個人的には批判的なところもあるのですが、でもそうはいっても、こうした学校に代わる教育のアイデアを、彼がしっかりと具体的に示したのは、やっぱりエラいことだったと思っています。

そのアイデアは、「学習のためのネットワーク」とか、「オポチュニティ・ウェブ（機会の網の目）」とかいわれています。まさにインターネットの発想です。

学びの機会を、学校に独占させるのじゃなく、社会の中でネットワーク化するのです。そして子どもたちはそのネットワークの中で、自分に合ったもの、自分に必要なものを、みずから学んでいく。学校の固定的な人間関係の中じゃなく、そのネットワークの中で、自分に合う学習仲間を見つけていく。

これが、イリッチが四〇年以上も前に示した新しい教育のアイデアでした。

今、このアイデアは、インターネットの進歩によって十分実現が可能になっています。イリッチのアイデアが、ようやく現実のものになろうとしているといえるかと思います。

## ●教育の未来のために

ただし、ここで注意しておかなければならないことがあります。

この方法によって、〈自由の相互承認〉の一番の基礎である、「教育の機会均等」がちゃんと保障されるかどうかという点です。

もし、今突然学校をなくして、学習は基本的にインターネットで、ということになったら、何をどのように学べばいいか、わからない子どもたちが続出するでしょう。そうすると、親の教育力の違いが、子どもたちの教育にあからさまに影響することになってしまいます。

教育への意識が高く、教育にかけられるお金もたくさんある親は、自分の子どもにできるだけすぐれた教育機会を確保しようとするでしょう。逆に、子どもの教育にあまり関心がなく、かけられるお金も十分でない親をもつ子は、十分な教育機会を得られないことになってしまうかもしれません。

だから、いきなり「脱学校」というわけにはなかなかいきません。

それに、インターネットを中心とした自学自習のシステムで、〈自由の相互承認〉の感度がはぐくまれるかどうかも、しっかり考えなければならない問題です。〈自由の相互承認〉の感度をはぐくむためには、やっぱり、多様で異質な人たちとじかにコミュニケーションを取り合っていくという経験が、そして、その中でさまざまな人間関係の問題にぶつかりながらも、それを互いに乗り越えていくという経験が、必要になってくるでしょう。

とはいえわたしは、「教育の機会均等」と〈自由の相互承認〉の感度をはぐくむということをちゃんと自覚していれば、長い長い目でみれば、教育のシステムが、今のような学校でありつづける必要は必ずしもないんじゃないかと考えています。

どんな家、どんな地域に生まれても、必ず一定以上の教育がだれでも受けられるということ、また、少なくとも義務教育の段階においては、すべての子どもたちにある一定レベルの知識・技能は必ず育成するということ、そして、すべての子どもたちに、〈自由の相互承認〉の感度を必ずはぐくむということ、こうした条件が満たされるのであれば、学校は、今のような学校でありつづける必要は必ずしもない。

わたしはそう思います。

じゃあそれはいったい、どんなシステムになっていくだろう？

地域や子どもたちの状況に応じて、いろんなあり方が使い分けられたり、組み合わされたりするべきでしょう。

従来型の学校も、もちろんつづいていくでしょう。学校には通わず、基本はオンライン学習で学力をつけながら（もちろんさまざまなサポートを受けながら）、教科や学習プロジェクトごとの集まりに参加するということもあるかもしれません。

そのより具体的なアイデアは、これから模索がなされていくでしょう。いや、というよりも、わたしは、まさにこれからの社会をつくり支えていくみなさんとともに、そうした新しい教育のあり方を考えていきたい。

そしてその際に忘れてはならないこと、それは何度もいってきたように、公教育とは、すべての子どもたちが、〈自由の相互承認〉の感度をはぐくみ、そのことを土台に、みずから〈自由〉になるための力をはぐくむことを、必ず保障するためにあるということです。

学校は、そのためにある。「なんで学校に行かなきゃいけないの？」という問いの答えは、ここにある。

でも同時に、右のことをもっと十分に達成できる方法があるのだとするなら、学校は、これからもずっと、今のままの学校でありつづけなければならないというわけじゃない。

# ブックガイド・参考文献

第1章で取り上げた「一般化のワナ」については、**広田照幸・伊藤茂樹『教育問題はなぜまちがって語られるのか？』**（日本図書センター、二〇一〇年）にも、その豊富な事例が紹介されていておすすめです。

第2章ではニーチェに登場してもらいましたが、彼の思想や人となりを知りたい方には、わたしも執筆に加わった、**竹田青嗣・西研、藤野美奈子**（画）**『知識ゼロからのニーチェ入門』**（幻冬舎、二〇一二年）をおすすめさせてください。漫画家・藤野さんの、ニーチェの生涯についての漫画がとにかくおもしろいです。

また、第2章ではフィンランドの教育について少しふれましたが、これは**福田誠治『フィンランドはもう「学力」の先を行っている』**（亜紀書房、二〇一二年）を参考にしました。

〈自由〉になるためには〈自由の相互承認〉が必要だ、というお話を第3章ではしましたが、この考えを展開した哲学者として、ルソーとヘーゲルの名前をあげました。

今から見れば、彼らの思想にも時代的な限界はあるし、問題もあります。でも、やっぱり今なお考え抜かれた哲学になっています。だから彼らの著作をここでご紹介したいとは思うのですが、いかんせんかなりむずかしい。

そこで、高校生くらいでも読める入門書として、わたしも執筆に加わった、**竹田青嗣監修『図解　哲学がわかる本』**（学研パブリッシング、二〇一三年）をあげておきたいと思います。ルソーやヘーゲル以外にも、主要な哲学者五〇人の人となり、その思想のエッセンスがわかりやすく書かれています。第2章のコラムであげた、デカルト、カント、フッサールの思想のエッセンスも、きっとつかんでもらえるんじゃないかと思います。

もしもルソーとヘーゲルの著作に挑戦したい、という方がいらっしゃれば、**ルソー（桑原武夫ほか訳）『社会契約論』**（岩波文庫、一九五四年）、**ヘーゲル（藤野渉ほか訳）『法**

**の哲学Ⅰ・Ⅱ』**（中公クラシックス、二〇〇一年）をご紹介しておきます。

第3章では、親の学歴や年収が、近年子どもの学力に大きな影響をおよぼすようになっている、というお話をしました。このことを統計的に明らかにした研究はたくさんありますが、比較的読みやすいものとして、**苅谷剛彦『学力と階層』**（朝日文庫、二〇一二年）をご紹介しておきます。

第3章のコラムでは、トルストイの教育論についてもふれました。彼がつくった、その後の「進歩的」な学校に大きな影響を与えた「自由」な学校、ヤスナヤ・ポリャーナ学校については、**トルストイ（昇曙夢訳）『国民教育論』**（玉川大学出版部、一九五八年）にくわしく書かれています。残念ながら絶版なのですが、古本屋や図書館などでは、比較的手に入りやすいのではないかと思います。

第4章では、なぜいじめが起こるのか、どうすれば克服していくことができるのか、というお話をしましたが、この点については、**内藤朝雄『いじめの構造―なぜ人が怪物になるのか』**（講談社現代新書、二〇〇九年）もおすすめです。いじめ問題の本質を鋭くついた本です。

またいじめ対策については、**内藤朝雄・荻上チキ『いじめの直し方』**（朝日新聞出版、二〇一〇年）が、具体的な手だてをいくつも提示しています。こちらも、関心のある方にはおすすめです。

また、第4章では「学び合い」（協同的な学び）についても少しふれましたが、これについては、**佐藤学『学校の挑戦―学びの共同体を創る』**（小学館、二〇〇六年）、同じく**佐藤学『学校を改革する―学びの共同体の構想と実践』**（岩波ブックレット、二〇一二年）、**西川純編『クラスが元気になる！「学び合い」スタートブック』**（学陽書房、二〇一〇年）などがおすすめです。学び合いにもいろんなタイプがあることもわかると思います。

# あとがき

教育は、とかくさまざまな対立がうずまく世界です。

本書では、こうした対立を克服するための「考え方」を、いくつか紹介してきました。そしてその考え方に基づいて、「なんで勉強なんかしなきゃいけないの？」「なんで学校に行かなきゃいけないの？」といった問いに、「答え」を出しました。

少しでも、みなさんが納得してくだされば うれしく思います。そして少しでも、学ぶことの意味、学校（教育）の意義について理解してくだされば、これ以上にうれしいことはありません。

本書で紹介した「考え方」は、教育にかぎらず、たとえば友人関係や親子関係などを考えるうえでも、あるいは将来について考えるうえでも、これからみなさんが生きていく中で、けっこう役に立つものになっているんじゃないかと思います。
少なくとも、そう願っています。

本書は、日本評論社の木谷陽平さんのすすめで書かせていただくことになったものです。中・高・大学生が、「哲学的な考え方」を学びながら、教育の根本的な問題を解き明かしていけるような本を、とお話をくださったそのアイデアに、わたしはとてもわくわくしました。原稿を何度も読み直し、そのたびに的確なアドバイスをくださった木谷さんなくして、本書が完成することはありませんでした。本当にありがとうございました。

二〇一三年七月

苫野一徳

苫野一徳（とまの・いっとく）
一九八〇年生まれ。早稲田大学大学院教育学研究科博士課程修了。博士（教育学）。現在、熊本大学教育学部准教授。専攻は哲学・教育学。著書に『どのような教育が「よい」教育か』（講談社選書メチエ）、『教育の力』（講談社現代新書）、『「自由」はいかに可能か――社会構想のための哲学』（NHKブックス）など。

# 勉《べん》強《きょう》するのは何《なん》のため？

## 僕《ぼく》らの「答《こた》え」のつくり方《かた》

二〇一三年　八月二五日　第一版第一刷発行
二〇二二年　十二月二五日　第一版第十三刷発行

著者　苫《とま》野《の》一《いっ》徳《とく》
発行所　株式会社日本評論社
〒一七〇・八四七四
東京都豊島区南大塚三・一二・四
電話　〇三・三九八七・八六二一［販売］
〇三・三九八七・八五九八［編集］
振替　〇〇一〇〇・三・一六
装画　本秀康
装丁　木庭貴信＋角倉織音（オクターヴ）
印刷所　三美印刷株式会社
製本所　株式会社難波製本

検印省略

 ISBN978-4-535-56329-2